Geschichts-Kurse
für die Sekundarstufe II

Herausgegeben von Herbert Prokasky und Martin Tabaczek

Band 8

Herbert Prokasky

Afrika – ferner Nachbar

Geschichte in Westafrika
am Beispiel der Edo und Ibo
im Gebiet des heutigen Südnigeria

Lehrerkommentar

Best.-Nr. 34868 X

Verlag Ferdinand Schöningh

Website
www.schoeningh.de

E-Mail
info@schoeningh.de

Printed in Germany. Gesamtherstellung Ferdinand Schöningh, Paderborn

Gedruckt auf umweltfreundlichem chlorfrei gebleichten Papier mit 50% Altpapieranteil

Druck 5 4 3 2 1 Jahr 05 04 03 02 01

ISBN 3-506-34868-X

Dieses Werk folgt der reformierten Rechtschreibung und Zeichensetzung. Ausnahmen bilden Texte, bei denen künstlerische, philologische oder lizenzrechtliche Gründe einer Änderung entgegenstehen.

Inhalt

Sehr geehrte Frau Kollegin, sehr geehrter Herr Kollege,

Afrika als Thema des Geschichtsunterrichts fordern und begründen ist die eine Sache; es zu realisieren ist die andere, denn nicht nur Schüler und Schülerinnen, sondern auch wir Lehrer stehen hier vor Anforderungen, zu deren Bewältigung wir mehr Hilfen benötigen als bei allen anderen Themen. Das Arbeitsbuch „Afrika – ferner Nachbar" versucht dem zu entsprechen, indem es nicht nur eine detaillierte Darstellung und neue Materialien bietet, sondern auch so angelegt ist, dass es den Lehrer als Lernenden mit einbezieht. Es setzt keinen Lehrer voraus, der ein Studium in afrikanischer Geschichte absolviert hat. Ohne zu verleugnen, dass wir als Lehrer über eine grundlegende wissenschaftliche Qualifikation verfügen, die uns Verstehen und Einarbeitung wesentlich erleichtert, sollten wir unsern Schülern doch erklären, welch großer Unterschied zwischen dem Projekt Afrika und den vertrauten Themen des Faches besteht. Lehrer und Schüler sind hier viel mehr als sonst gemeinsam Lernende.

Trotzdem kann es nicht schaden, als Lehrer noch zusätzliche Informationen zu haben und sich vorab einen größeren Überblick zu verschaffen, und dazu soll dieser Lehrerkommentar beitragen. Aus der Erprobung dieses Projekts im Unterricht hat sich eine Sammlung von Erfahrungen herausgebildet, die hier als Anregungen und Hinweise weitergegeben werden. Es wird Ihnen hier kein *teacher-proof curriculum* geboten, sondern nur ein Baukasten, aus dem erst Sie mit Ihren Schülern und Schülerinnen Unterricht machen.

Obwohl dies in Schulbüchern nicht üblich ist, möchte sich der Verfasser hier bei Kollegen bedanken, besonders bei Reinhild Höhle, Manfred Meyer, Christine Staschelt und Manfred Weise. Professor Leonhard Harding hat das Projekt mit fachwissenschaftlicher Kritik und liebenswürdiger Ermutigung gefördert.

Gedanken zum Thema Afrika

Zur didaktischen Relevanz des Themas
Soweit Sie gegenüber Schülern, Eltern, Kollegen und Schulaufsicht das Thema Afrika noch rechtfertigen müssen, dann werden Sie in neueren Richtlinien gute Argumente dafür finden. Ohne die Fachrichtlinien von 16 Bundesländern im Detail zu überblicken, kann man doch davon ausgehen, dass überall in den letzten Jahren die Bedeutung der außereuropäischen Welt stärker betont und ihr Einbezug in den Geschichtsunterricht gefordert wird. So heißt es etwa in Richtlinien für die Sekundarstufe II in Nordrhein-Westfalen: „Die stillschweigende Prämisse, die entstehende *One World* beruhe zwangsläufig auf den Prinzipien der westlichen Zivilisation seit 1776, kann nicht mehr aufrechterhalten werden." Die außereuropäische Geschichte kann nicht mehr primär nach ihrer Relevanz für Europa behandelt werden, sondern muss in ihrem eigenen Zusammenhang erscheinen.

Um Afrika angemessen darzustellen genügt es nicht, die sogenannten Entdeckungen, die Sklaverei und den Imperialismus ausführlicher zu behandeln; sie bilden keine ausreichenden Brücken des Verständnisses, da sie die Perspektive Europas darstellen. Auch die Sichtweise, dass die Geschichte Afrikas die eines Opfers Europas sei, genügt nicht. Sie mag einen starken moralischen Impetus vermitteln, ist aber in der Sache nicht haltbar. Die Sklaverei war ein furchtbares Verbrechen, aber doch nicht der Mittelpunkt der afrikanischen Geschichte. Ihre Betrachtung reicht nicht zu einem angemessenen und auf die Dauer tragfähigen Verständnis.

Es bietet sich stattdessen an, von dem Begriff der „Alterität" auszugehen, von einem gegenseitigen Anderssein von Menschen verschiedener Kulturen innerhalb eines umfassenden Begriffs von Menschsein. Das erschließt die lebenswirklichen Erfahrungen jahrhundertelanger Begegnungen und macht zugleich die Instrumente und Ergebnisse verfügbar, die wir den neueren Kulturwissenschaften verdanken. Das Eigene und das Andere, das Gemeinsame und das Verschiedene bilden Grundmuster für den Umgang mit der außereuropäischen Geschichte. Afrika im Unterricht zu behandeln heißt, etwas zunächst Fremdes wahrzunehmen und als das Andere reflektierbar und verstehbar zu machen, das sich von unserer eigenen – und besonders der heutigen – Kultur tief gehend unterscheidet, ohne aber uneinholbar zu sein. Solche kognitive Leistung muss hohe Motivationsbarrieren überwinden und kann nur gelingen, wenn wir emotional eine dauerhafte Neugierde aufbauen, die Anderssein als produktive Herausforderung annimmt.

Edo und Ibo: Die Auswahl der untersuchten Kulturen
Afrika ist seit seinen Anfängen von weiträumigen historischen Prozessen geprägt worden, die den Kontinent als Ganzes oder in großen Teilen erfasst haben, doch haben sie in eine ungeheure innere Vielfalt geführt, angesichts derer der Begriff Afrika nur als ein abstrakter europäischer Begriff erscheint. Man kann es nicht als Ganzes behandeln, sondern muss zu seiner Betrachtung bei der einzelnen Ethnie ansetzen, um am konkreten Detail, oft geradezu mikroskopisch das Andere erarbeiten zu können.

Im Mittelpunkt unseres Arbeitsbuchs stehen zwei einander benachbarte Kulturen im südlichen Nigeria, die Edo und die Ibo. Sie sind durch viele Gemeinsamkeiten verbunden und zugleich durch deutliche Unterschiede getrennt, was die beste Basis für Vergleiche bietet. Beide Kulturen sind außerhalb Afrikas überdurchschnittlich gut bekannt und von der Afrikanistik sehr intensiv bearbeitet worden, sodass eine umfangreiche wissenschaftliche Literatur zur Verfügung steht.

William Edward DuBois, kurz nach dem Ende der Sklaverei 1868 in den USA geboren und 1963 als Bürger Ghanas gestorben, war einer der ersten schwarzafrikanischen Professoren in Amerika und ein Historiker von großer Wirksamkeit. Auch unter dem Einfluss seiner Studienjahre in Berlin entwickelte er die Vorstellung, dass die Kulturen Afrikas mit denen der europäischen Geschichte prinzipiell vergleichbar seien und das gleiche kulturelle Potenzial enthielten. Statt wie die klassische Ethnologie der Europäer afrikanische Kulturen als statische Gebilde zu sehen und in radikalem Gegensatz der Geschichtlichkeit Europas gegenüberzustellen, forderte DuBois eine historische Einordnung Afrikas in den einen großen historischen Prozess der Menschheitsgeschichte.

Als ein ideales Beispiel für eine historische Sicht galt schon früh das Benin-Reich der Edo, in der populären Literatur gewöhnlich als „Königreich Benin" bezeichnet. Die Begriffe Benin und Edo werden im Folgenden weitgehend synonym verwendet. Unser Benin ist mit dem heutigen Bundesstaat Bendel in Nigeria identisch und darf nicht mit der 400 Kilometer weiter westlich gelegenen Republik Benin, der ehemaligen französischen Kolonie Dahomey, verwechselt werden! Es ist für seine bedeutende Tradition der Bronzeplastik berühmt, die zumindest bis ins 15. Jahrhundert zurückreicht und dank ihrer „realistischen" Darstellungsweise für Europäer leichter verständlich ist als die meiste übrige Plastik Afrikas. Diese Kunst gehört zu einer „höfischen" Kultur, die durchaus Analogien zum vorneuzeitlichen Europa erlaubt und es zulässt, sie als eine Abbildung historischer Wirklichkeit zu lesen – allerdings einer von unserer Geschichte verschiedenen Wirklichkeit.

Die Ergiebigkeit der Bildquellen von Benin wird dadurch vervielfältigt, dass wir sie auf eine zweite Quellengattung beziehen können, die mündlichen Überlieferungen der Edo. Diese Tradition weist unterschiedliche Stränge auf, die über mehr als ein halbes Jahrtausend zurückreichen. Sie werden seit 1898 aufgezeichnet und liegen zu großen Teilen in englischer Übersetzung vor. Damit verfügen wir über ein umfangreiches konkretes Arbeitsmaterial, das auch für den Lernbereich der methodischen Arbeit interessante neue Aufgaben bietet. Das Benin-Reich bietet einen sehr konkreten Zugang zum Gegenstand Afrika und erlaubt uns, afrikanische Geschichte durch vielfältige Analogien zur Geschichte Europas wahrzunehmen.

Wenn unsere Arbeit an Benin auch mit europäischen Begriffen und Modellen beginnen kann, so stoßen wir doch schnell auf Aspekte der Wirklichkeit, die uns fremd sind und die Schüler zunehmend mit dem "Anderen" konfrontieren. In dessen Mittelpunkt steht die Religion mit ihrem Verständnis von Leben und Tod. Hier ergibt sich ein Arbeitsschwerpunkt, der es nahe legt, mit Kollegen und Kolleginnen vom Fach Religion zusammenzuarbeiten.

Der andere Gegenstand unseres Projekts wird gewöhnlich knapp als „die Ibo" bezeichnet. (Im Englischen hat sich nach 1945 die Bezeichnung „Igbo" durchgesetzt.) Der Begriff ist eine koloniale Klassifikation des 19. Jahrhunderts, die hunderte kleiner und kleinster politischer Einheiten bündelt. Während das Benin-Reich eine jahrhundertealte stabile Herrschaft mit den Institutionen einer Monarchie, höfischer Kunst und Stadtkultur ist, zerfällt die Welt der Ibo in viele autonome Gemeinden ohne Institutionen der Herrschaft. Ibo und Edo sind Nachbarn, sprechen Dialekte der Kwa-Sprachen und teilen die meisten religiösen Vorstellungen. Sie sind durch Jahrhunderte gemeinsamer Geschichte verbunden; mehrere Städte am Unterlauf des Niger gehören nach Sprache und Kultur zu den Ibo, haben aber institutionelle Herrscher, die von ausgewanderten oder geflüchteten Edo-*Chiefs* abstammen. Damit haben wir didaktisch und methodisch optimale Vergleichsmöglichkeiten zwischen zwei afrikanischen Kulturen und vielfache Kontraste zu den klassischen europäischen Vorstellungen von Herrschaft und Staat. Daneben ergeben sich besonders interessante Aspekte der Geschlechtergeschichte.

Dass gerade „die Ibo" in der Phase der Kolonialisierung eine besondere Bedeutung für das spätere Nigeria gewannen und dass ausgerechnet sie im Sezessionsversuch Biafras 1967/70 eine staatliche Autonomie zu erreichen versuchten, erlaubt eine zusammenhängende Darstellung afrikanischer Geschichte über lange Zeitspannen; nehmen wir das Benin-Reich hinzu, erfassen wir eine geschlossen Zeitspanne von mehr als 600 Jahren, bei der die europäischen Eingriffe nur von begrenzter Bedeutung sind und sich einer durchgehend afrikanischen Perspektive unterordnen.

Die methodische Dimension des Projekts

Das Arbeitsbuch ist nicht nur weniger umfangreich als die anderen Bände der Reihe „Geschichts-Kurse", sondern auch in seiner Struktur anders angelegt. Die Fremdheit und Neuigkeit des Gegenstandes ließ es geraten erscheinen, das Material zu begrenzen und Darstellung und Quellen in den Teilen 2 und 3 nicht voneinander zu trennen. Alle Materialien und besonders die verschriftlichte *oral tradition* bieten im Unterricht erfahrungsgemäß größere Schwierigkeiten als Quellen aus der europäischen Geschichte. Daher wurde jede Quelle in einen erklärenden Zusammenhang eingebettet und die Interpretation detailliert vorbereitet und begleitet. Die Arbeitshilfen, die sonst in Glossar und Vorschlägen zur Methode untergebracht sind, stehen hier unmittelbar neben Texten und

Bildern. Unvermeidlich muss die Arbeit in Kapitel 2 und im ersten Teil von Kapitel 3 überdurchschnittlich stark lehrerzentriert geführt werden. Das gleicht sich am Ende von Kapitel 3 und besonders in Kapitel 4 aus, wo sich Möglichkeiten für ein sehr hohes Maß an Selbstständigkeit – auch für Gruppenarbeit und Rollenspiel – eröffnen.

Fünf Typen von historischen Quellen sind in diesem Band für Schüler wahrscheinlich eher neu – drei sprachliche (mündliche Überlieferung, Roman und sozialwissenschaftliche Texte) und zwei bildliche (höfische Bronzekunst und Masken). Von zentraler Bedeutung sind die mündlichen Traditionen Afrikas. Man darf sie nicht mit dem geschichtsdidaktisch populären Begriff *oral history* verwechseln. Sie sind keine mündlichen Zeugenberichte zur Zeitgeschichte, sondern ein Korpus von generationenlang mündlich übertragenen kollektiven Erinnerungen, mit deren Sammlung und Aufzeichnung Briten schon 1897 begannen. Jahrhundertelange mündliche Überlieferungen finden sich in vielen Kulturen; eines der zentralen Werke der abendländischen Literatur beruht auf ihr, Homers *Ilias,* deren Qualität als historische Quelle jüngst von dem Altphilologen Joachim Latacz neu analysiert worden ist.•

In der afrikanischen Erinnerung sind die individuellen Persönlichkeiten der Akteure und die Details der Ereignisse zweitrangig; wesentlich ist die aus dem Erinnerten gewonnene gesellschaftliche Erfahrung in Gestalt von Verhaltensmustern, Konfliktregelung, politischen Normen und gesellschaftlichen Werten. In Benin überliefern nicht nur die Herrscher, sondern auch ihre Konkurrenten um die Macht, Clans und Orte ihre je eigenen Versionen der Erinnerung. Es ist gerade am Anfang des Unterrichts immer wieder zu betonen, dass wir es hier nicht mit Chroniken im europäischen Sinn zu tun haben, sondern mit Sammlungen von Beispielen guten und schlechten Handelns. Aus diesem Grunde erscheint es zulässig, in genau umrissenen Fällen und unter sorgfältiger Betonung der Bedingungen Teile der Überlieferung wie eine Art von Verfassung zu interpretieren. Keinesfalls aber darf man bei der Arbeit mit diesem Material vergessen, dass die Erinnerung nie Selbstzweck war und bis in die jüngste Zeit Wandlungen unterlag. Es ist nicht einfach zu entscheiden, ob die sich wandelnde Bearbeitung der höfischen Tradition Benins durch Jacob Egharevba zwischen 1934 und 1968 politisch motivierte Fälschung oder eine Umformulierung der Geschichte darstellt, wie sie sicher wiederholt vorgekommen sein muss, wenn die politischen Verhältnisse und Erfahrungen sich änderten.

Zwei Quellentypen sind der bildenden Kunst Afrikas entnommen. Die Benin-Bronzen sind höfische Kunst, die ähnlich wie Werke der mittelalterlichen Kunst Europas gelesen werden können. Sie sind überwiegend symbolische Darstellungen von diesseitiger und jenseitiger Ordnung, von Hierarchien und Legitimität, doch erlauben sie dank ihrer Detaillierung und des „Realismus", mit dem sie Porträts, Bekleidung, Waffen und Umwelt darstellen, zugleich eine ergiebige Analyse einer materiellen historischen Wirklichkeit. Man wird sie immer im Zusammenhang mit der mündlichen Überlieferung und durchweg im Anschluss an sie interpretieren. Sehr viel schwieriger ist dagegen die Interpretation von Masken und Kostümen, den heute musealisierten materiellen Relikten der Riten. Hier bietet der Begleittext einen kleinen Kommentar zu ausgewählten Zeichen. Eine tiefer gehende Interpretation ist in unserem Unterricht nicht möglich, sondern nur eine Erweiterung unseres Bildes von den religiösen Vorstellungen, wie sie im Kontext mit den Edo im Kapitel 2.3 vorbereitet werden und im Unterricht in eine zusammenfassende Darstellung des Heiligen und des Verhältnisses zwischen Diesseits und Jenseits einmünden.

Der vierte Quellentypus (in der Abfolge der Einführung) ist literarischer Art, der moderne afrikanische Roman, der einen hohen historischen Wirklichkeitsgehalt aufweist. Er kann als historische Quelle interpretiert werden, doch darf dabei nie vergessen werden, dass ein Roman Fiktion ist und nicht als einfaches Abbild individueller Personen und Ereignisse verstanden werden darf.

Zuletzt werden in Teil 4 zur Darstellung der sozialen Wirklichkeit des modernen Lagos sozialwissenschaftliche Materialien verwendet – Aufzeichnungen aus einer soziologisch-politologischen Untersuchung der frühen 1970er-Jahre. Diese sind nicht in der Tradition des Faches Geschichte zu interpretieren, sondern sozialwissenschaftlich auszuwerten.

Interpretationsmodelle

Der grundlegende methodische Ansatz für dieses Afrika-Projekt ist der der historischen Sozialwissenschaft. Das historische Afrika, aber auch viele Aspekte des gegenwärtigen unterscheidet sich so radikal von der geschichtlichen Wirklichkeit Europas, dass sich unsere vertrauten sozialen und politischen Begriffe nur mit deutlichen Modifikationen oder gar nicht darauf anwenden lassen. Der Staat als ein abstraktes System mit komplexen Entscheidungsstrukturen und ausgedehnten Bürokratien ist Afrika bis heute fremd, aber auch der Begriff Stamm ist eine fragwürdige europäische Konstruktion des 19. Jahrhunderts. Nicht einmal unsere Vorstellungen von Individuum und Familie lassen sich vorbehaltlos anwenden. Aus diesem Grunde ist die Methode der strukturell-funktionalen Analyse für unsere Arbeit von zentraler Bedeutung. Wir gehen davon aus, dass alle Menschen als soziale Wesen in allen Gesellschaften dieselben Funktionen regeln müssen: Sie müssen sich ernähren, kleiden und schützen,

• J. Latacz: Troia und Homer. Der Weg zur Lösung eines alten Rätsels. München, Berlin 2001. Die überwältigende Genauigkeit der 267(!) Verse des Schiffskatalogs im zweiten Gesang der *Ilias* mit ihrer politischen Geografie des mykenischen Griechenland des 12. Jahrhunderts v. Chr., die etwa 450 Jahre lang mündlich überliefert wurde, darf aber nicht als Maßstab für Benin genommen werden, da die gesellschaftlichen Funktionen der Erinnerung in beiden Kulturen unterschiedliche waren.

Vorsorge treffen für Mangel und Krankheit, sich fortpflanzen und sterben; sie verstehen sich individuell und kollektiv in Denk- und Lebensmustern, die ihre Existenz über das blind Animalische erheben. Sie tun dies in gesellschaftlichen Strukturen nach komplexen Ordnungen und Handlungsmustern. Daher können alle Gesellschaften dahingehend verglichen werden, wie Menschen individuell und kollektiv ihre Existenz bewältigen, wie sie die Arbeit und deren Ertrag untereinander verteilen, Recht schaffen, Regelverstöße vermeiden bzw. bestrafen und Konflikte regeln. Die Sicherung der Gruppe gegen Konkurrenten, die Geschlechter- und Altersrollen, Autorität und Herrschaft gehören in diesen Bereich ebenso wie der Umgang mit der Sterblichkeit des Menschen und seine Suche nach Würde und Sinn seiner Exstenz.

Wir setzen die strukturell-funktionale Interpretation gleich bei den ersten Beispielen aus der mündlichen Überlieferung ein, indem wir fragen, wofür frühe Edo-Herrscher und ihre Konflikte in der Erinnerung bewahrt werden: Was Herrscher, was Volk und was der Einzelne im afrikanischen Verständnis sind, lässt sich erst am Ende eines mehrstündigen Arbeitsprozesses erkennen. Alle weiteren Differenzierungen der Gesellschaften bis hin zur Genese des modernen Lagos im 20. Jahrhundert müssen immer wieder von diesem strukturell-funktionalen Ansatz der Sozialwissenschaften aus gewonnen werden.

Mögen sich auch die sozialen und politischen Strukturen der Edo und Ibo deutlich von denen des heutigen Europa unterscheiden, so erscheinen sie in der Perspektive der Geschichte Europas viel weniger fremd: Diese afrikanischen Gesellschaften sind Agrargesellschaften und als solche haben die Lösungen, die sie in ihrer Geschichte für ihre existenziellen Probleme gefunden haben, erstaunlich viel gemeinsam mit denen der Agrargesellschaften der Antike, des Mittelalters und der frühen Neuzeit. (Vergleichen Sie dazu GESCHICHTS-KURSE Band 1 „Europäische Agrargesellschaften"!) Vorsichtig und methodisch bewusst eingesetzt erweist sich die Suche nach historischen Analogien als eine vertrauenswürdige Brücke in die Welt der „Andern".

Es bleibt aber das weite Feld der Mythen und der Magie, das den meisten Menschen in der modernen Kultur Europas das Fremde schlechthin ist. Ohne diese Dimension des Religiösen – besser gesagt des Heiligen – aber lässt sich Afrika nicht verstehen und hier benötigen wir einen methodischen Zugriff, den man anthropologische Fantasie nennen könnte: Die Feste des *Maiden Spirit* in einer Ibo-Gemeinde (S. 64 f.), die Umzüge der Frauen in den *Aba Riots* (M 4.8) oder die magischen Praktiken der Edo-Herrscher auf der Grenze zwischen Leben und Tod (Kapitel 2.3) verlangen ein Vorstellungsvermögen und Hineinempfinden, das über die Rationalität wissenschaftlicher Propädeutik hinausreichen muss.

Wenn wir uns Afrika mit Mitteln und Begriffen des analytischen Denkens nähern, müssen wir uns immer der methodischen Grenzen unserer Verfahren bewusst bleiben. Selbst in unserer europäischen Wirklichkeit zertrennen unsere Begriffe eine vieldimensionale Lebenswirklichkeit zu Zwecken der Analyse. Aber während wir in unserer pluralistischen Gesellschaft zum Umgang mit der Widersprüchlichkeit quasi trainiert sind, erlebten (und erleben noch heute) Afrikaner ihre Wirklichkeit stärker als Einheit. Diesseits und Jenseits, Profanes und Heiliges durchdringen sich unauflöslich. Natürlich ist einem Edo-Bauern bewusst, dass er beim Pflanzen von Yams etwas anderes tut als beim Opfer am Familienschrein, aber für ihn enthält jedes produzierende, soziale, politische und religiöse Handeln immer auch etwas von allen anderen Dimensionen: Wie ein römischer oder ein mittelalterlicher Bauer verrichtet er beim Pflanzen neben praktischen zugleich magische Handgriffe, und das Opfer am Schrein wirkt für sein Denken direkt auf das Wachstum der Pflanzen. Sie können hier zum Vergleich im Unterricht GESCHICHTS-KURSE 1, S. 29 ff. (M 1.4 – 1.11) und S. 123 (M 3.17) heranziehen. Unter diesen Umständen müssen wir den Schülern immer wieder verdeutlichen, dass unsere Kategorien moderne europäische Instrumente sind, die nicht notwendig die afrikanische Wirklichkeit angemessen abbilden! Der Begriff des „Andersseins", den wir immer wieder betonen müssen, erstreckt sich nicht nur auf die betrachtete Wirklichkeit, sondern auch und besonders auf die Methoden und Perspektiven der Betrachtung und auf die Begriffe. Wir muten den Schülern ständig zu, sich in das „Andere" hineinzuversetzen und mit einem fremden Blick auf ihre eigene Kultur zurückzublicken.

Unsere Perspektive auf Afrika tendiert zu einem Gefühl der Überlegenheit, das sich auf unser Fortschritts- und Vernunftdenken stützt; damit daraus keine Überheblichkeit wird, sollte man sich eine Bemerkung des Philosophen Hans Blumenberg über die Funktion geschichtlichen Denkens vergegenwärtigen:

„Augustin schrieb, die Sterne seien geschaffen worden zum Trost für die zu nächtlicher Tätigkeit genötigten Menschen, und Linné hielt dafür, der Gesang der Vögel beim ersten Morgenlicht sei zum Trost für die Schlaflosigkeit der Alten angesetzt. Diese Gedanken lassen sich gewiss nicht erneuern, und man braucht ihnen nicht einmal wegen ihres Mutes zur Sentimentalität nachzutrauern; aber wir müssen zwischen dem Denkverbot für teleologische Momente in modernen Theorien und dem geschichtlichen Respekt vor der Gleichrangigkeit der menschlichen Selbsthilfen im Weltverständnis unterscheiden. Die Geschichte ist gerade die theoretische Einstellung, die uns das gestattet. Die Wissenschaftsgeschichte ist deren Spezifität, die es uns besonders schwer macht, aber gerade dadurch zum Kriterium für das im Geschichtsverhältnis Mögliche werden kann. Ich erinnere nur daran, welche immense Arbeit geleistet werden musste, um Magie und Ritual aus der Sphäre der puren Verächtlichkeit herauszuholen."

H. Blumenberg: Die Genesis der kopernikanischen Welt. (Suhrkamp) Frankfurt 1981. S. 202 f.

Begriffe und Sprachgebrauch
Um die Schüler vor voreiligen Analogieschlüssen zu bewahren, werden europäisch geprägte Begriffe wie Staat und Demokratie für Strukturen vor dem 20. Jahrhundert nicht verwendet. Der Begriff König wird vermieden, das Wort *Häuptling* mit seinen „barbarischen" Konnotationen wird durch das englische *Chief* ersetzt. (Vgl. dazu die Erklärungen S. 23!) Der Begriff Gesellschaft bezieht sich auf die konkrete sozioökonomische Ordnung der jeweils besprochenen Einheit. Bei der Verwendung von Begriffen wie Adel, Stadt, Bürger, Gemeinde sollte man häufig Hinweise einfügen wie „in einem dem europäischen Begriff ähnlichen Sinn", „vergleichbar dem europäischen Begriff", „europäisch gesprochen" usw. Bei Aufgaben bittet man die Schüler zu prüfen, inwieweit die von ihnen betrachteten Erscheinungen sich mit europäischen Begriffen beschreiben und definieren lassen und inwieweit nicht. Der Begriff der Verfassung bei den Edo sollte deutlich als prüfungsbedürftiges heuristisches Modell hervortreten. Man muss häufig die Ausdrücke „anders" und „fremd" benutzen und bei jeder Erklärung deren Charakter des Versuchsartigen und der Annäherung betonen.

An wichtigen Stellen müssen wir mit Fachbegriffen und afrikanischen Wörtern arbeiten, obgleich das unsere Arbeit erschwert. Solche Termini sind zunächst „leer" und werden erst bei unserer Arbeit sorgfältig definiert und mit Bedeutung gefüllt. Man wird die Schüler dazu anhalten, im Bezug auf das Benin-Reich *Oba* statt König zu sagen, damit nicht der ohnehin fragwürdige Begriff des absolutistischen Herrschers verhindert, das für afrikanische Verhältnisse typische Gleichgewicht zwischen dem Herrscher und seinen aus der Bevölkerung kommenden Beratern wahrzunehmen. Erst im ausdrücklichen Vergleich mit Europa (Kap. 2.3 - Der *Oba* als sakraler Herrscher) wird man bewusst das afrikanische Herrscherbild mit bestimmten Elementen europäischen Königtums konfrontieren. Auch der Begriff der Ethnie sollte gezielt hervorgehoben werden, bis er den Schülern geläufig ist; von „Volk" kann man sprechen, den Begriff „Stamm" muss man gezielt zurückweisen.

Der Begriff Afrika ist – solange nicht ausdrücklich etwas anderes gesagt wird – nur eine geografische Bezeichnung; sie schließt gewöhnlich den Norden am Mittelmeer aus. Man kann nicht oft genug daran erinnern, dass Afrika eine von Europäern erfundene geografische Einheit ist, deren ungeheure kulturelle Vielfalt Verallgemeinerungen über den ganzen Kontinent verbietet. Das Afrika südlich der Sahara wird, um umständliche Bezeichnungen zu vermeiden, im Einklang mit dem überwiegenden fachlichen Sprachgebrauch als Schwarzafrika (l'Afrique noir) bezeichnet, die Bewohner generell als Afrikaner. Die Begriffe „Schwarze" und „Neger" sind nur als Zitate aus historischen Texten zulässig.

Die europäischen Kolonialmächte haben häufig unterschiedliche Bezeichnungen für dieselben Ethnien oder eng verwandte Gruppen von Bevölkerungen eingeführt oder benutzen aus phonetischen Gründen unterschiedliche Schreibungen – was z. B. im Deutschen als *Fulbe* bezeichnet wird, heißt im Englischen *Fulani* und im Französischen *Peul.* Der deutschen Transkription *Ibo* entspricht im Englischen *Igbo,* im Französischen *Yebou.* Trotz der Tendenz der modernen Ethnologie zugunsten der englischen Bezeichnungen wird hier die traditionelle deutsche Bezeichnung oder Orthographie – z. B. *Haussa* statt *Hausa* – bevorzugt, um die Informationssuche zu erleichtern.

Es ist zwecklos im Unterricht eine besondere Aussprache der afrikanischen Namen anzustreben; daher wurde bei der Umschrift auf Sonderzeichen und Tonhöhensymbole verzichtet, wie sie in wissenschaftlichen Darstellungen verwendet werden. Eine Anlehnung an eine englische Aussprache bringt keine Vorteile; besonders bei den Vokalen empfiehlt sich eher eine Orientierung am deutschen Sprachbild.

Teil 1 – Planung und Vorbereitung des Projekts

Ein Platz für das Thema Afrika in einer Kurssequenz der Sekundarstufe II
Die Fachrichtlinien für die Sekundarstufe II sind in den letzten Jahren immer umfangreicher und ihre Bestimmungen immer komplizierter geworden. Dementsprechend dürfte es nicht leicht sein, einen Platz für ein neues Thema zu finden. Es ist nicht zu empfehlen, Afrika bereits in 11/I zu behandeln, da das Thema anspruchsvoll ist und einige methodische Übung mit Text- und Bildquellen voraussetzt. Vor allem aber sollten Sie bereits eine Thematik aus Antike oder Mittelalter behandelt haben, damit das vormoderne Europa als der günstigste Ansatzpunkt des interkulturellen historischen Vergleichs zur Verfügung steht. Aus der Reihe GESCHICHTS-KURSE des Schöningh-Verlags bieten sich dafür optimal zwei Bände an: Mit Band 1 (Europäische Agrargesellschaften) verfügen Sie über ein differenziertes kulturgeschichtliches Bild der römischen Antike und des frühen Mittelalters, das auch religions- und geschlechtergeschichtliche Aspekte detailliert vorbereitet. Band 7 (Europas Weg in die Moderne) setzt mit dem Mittelalter ein und bietet Ihnen mit dem Prozess der europäischen Modernisierung eine Kontrastfolie für die Analyse der afrikanischen Geschichte. Sie haben damit auch eine Basis, Alterität, die Andersartigkeit der Kulturen, im Ganzen der Menschheit systematisch zu thematisieren.

Zeitplanung
Es lässt sich didaktisch gut begründen, dem Thema Afrika ein ganzes Halbjahr zu widmen. Die Bandbreite der Möglichkeiten, die in diesem Arbeitsband steckt, reicht auch für einen Leistungskurs, aber auch wenn Ihnen nicht so viel Zeit zur Verfügung steht, ist es immer noch besser, einen Teil des Modells zu verwirklichen, als ganz auf das Thema zu verzichten. Durch eine klare Auswahl der Gegenstände lässt sich mit diesem Band auch dann arbeiten, wenn Sie nur die Hälfte eines Grundkurses darauf verwenden können. Teile des Materials lassen sich auch im Rahmen eines nicht primär durch Afrika definierten Kursthemas realisieren. Sie können z. B. unter Einbezug des Bandes 2 der GESCHICHTS-KURSE (Das Zeitalter der Industrialisierung) die Europäisierung der Welt behandeln und dabei die Teile 2 und 3 oder 3 und 4 oder auch nur Teil 2 des Afrika-Bandes einsetzen. Sie werden Gruppenarbeit und Rollenspiel dann weniger Platz einräumen können. Wie viel Zeit Sie Afrika auch immer widmen, in jedem Fall sind Material und Stunden genau einzuteilen und sei es auch nur, um das Arbeitstempo abschätzen zu können und eventuell die ursprüngliche Planung zu modifizieren. Es ist auszuwählen, was der ganze Kurs bearbeiten soll, was kursorisch gelesen oder von Gruppen bearbeitet wird und worauf man ganz verzichten muss.

Wollen Sie die drei Hauptkapitel 2 bis 4 behandeln, sollten Sie sich die Zeit etwa im Verhältnis 6:4:6 einteilen; man kann dann auch mit den 17 bis 19 Wochen eines Halbjahrs gut kalkulieren, Kursarbeiten einplanen und für Ausfälle Vorsorge treffen. Wegen der vielen neuen methodischen Anforderungen und begrifflichen Schwierigkeiten braucht man in jedem Fall für Kapitel 2 mehr Zeit als für 3; bei Kapitel 4 kann man am ehesten kürzen. Hat man nur für ein einziges der Hauptkapitel Zeit, sollte man dem zweiten den Vorrang geben, weil es uns Europäern den leichtesten Zugang zu afrikanischer Geschichte bietet, nämlich den zu einer Hochkultur mit einer differenzierten Gesellschaft, alter Staatlichkeit, Kunst und Selbstreflexion in geschichtlichen Überlieferungen, die aber doch zugleich auch gegenüber Europa das Andere ist.

Die folgenden Beschreibungen von Arbeitseinheiten sind keine Stundenentwürfe, sondern Skizzen thematischer Zusammenhänge, aus denen Sie nach Ihrem genaueren didaktischen Konzept und den konkreten Unterrichtsvoraussetzungen Ihren Unterricht entwickeln. Der Kommentar soll Ihnen die Auswahl dessen erleichtern, was für Ihre Arbeit inhaltlich und methodisch wichtig ist. Dementsprechend weisen Sie den ausgewählten Einheiten Unterrichtszeit zu: Die hier verwendeten Unterrichtsschritte sind so konzipiert, dass man sie gelegentlich in einer Einzelstunde behandeln kann. Meist sind zwei oder drei Stunden nötig, selten mehr. Sie werden selbst entscheiden wollen, was Sie in häuslicher Arbeit vorbereiten und was Sie im Unterricht einführen möchten. Bei der Individualität unserer Kursgruppen benötigen wir eher Baukästen als detaillierte Ablaufpläne. Um die Bauteile verfügbar zu machen, bemüht sich das Lehrerheft, das Material des Arbeitsbuchs so vollständig wie möglich zu kommentieren. Die dabei entstehende Darstellung ist keine Lernsequenz und vor allem viel umfangreicher als das Pensum, das selbst in einem Leistungskurs zu realisieren ist.

Einsatz von Teil 1 des Arbeitsbuchs im Unterricht
Teil 1 des Bandes hat Afrika als Ganzes zum Gegenstand – mithin einen historischen Begriff voller Probleme, der genau genommen eine Erfindung der Europäer ist und im heutigen Sinne erst im 19. und 20. Jahrhundert Wirklichkeit wurde. Eine systematische Lektüre und Besprechung von Teil 1 zu Beginn des Kurses kann als Problemaufriss angelegt werden. Das setzt voraus, dass die Schüler einen größeren Text selbstständig lesen und die Ergebnisse in einer methodisch gesicherten Weise fixieren können. Auf einer solchen Basis können Lehrer und Schüler dann gemeinsam Fragen, Themen und langfristige Arbeitsprozesse diskutieren und entwerfen. Für die meisten Kursgruppen und besonders dann, wenn man nicht den ganzen Band bearbeiten will, wird sich ein solcher Einstieg in den Arbeitsprozess nicht eignen. Afrika als Ganzes zu thematisieren empfiehlt sich gewöhnlich erst zu einem Zeitpunkt, wenn die Schüler die außerordentliche innere Differenzierung eines Teils des Kontinents im Detail kennen gelernt haben. Möglich ist es schon zwischen den Kapiteln 2 und 3, besser aber zwischen 3 und 4 oder am Ende des Kurses. Zugleich aber steht im Teil 1 ein Hintergrund von Information bereit, auf den man schon früher und besonders in Kapitel 2 in Ausschnitten zurückgreifen kann. Denkbar ist das bei den Unterrichtsschritten 2.2 (Die Anfänge der Geschichte der Edo) oder 2.5 (Die Expansion Benins und seine weiträumigen Bezüge in Westafrika).

Vorbereitung der Schüler auf die Arbeit
Bezugspunkt aller didaktischen Überlegungen ist das Verhältnis zwischen Afrika und Europa in der Gegenwart. Was immer wir über Afrika denken und sagen, geschieht vor dem Hintergrund eines überwiegend durch die Medien vermittelten Verständnisses, das unkontrollierte Auto- und Heterostereotype enthält. Daraus ergeben sich kognitive und motivationale Erfordernisse und Möglichkeiten, die man am besten dadurch erschließt, dass man sie zunächst ins Bewusstsein holt und dann durch eine aktuellen Berichterstattung über Afrika im Unterricht gegenwärtig hält. Das sollte schon vor dem Beginn des Kurses vorbereitet und im weiteren Verlauf organisatorisch gesichert werden.

1 A (vor oder zu Kursbeginn)
Klärung des Vorverständnisses der Kursteilnehmer
Aufgabe: Befragung durch Interview oder Fragebogen
Zwei bis vier Schüler arbeiten einen kleinen Fragebogen oder eine Reihe von Interviewfragen zu den Vorstellungen vom Thema Afrika und den Erwartungen an den Unterricht aus. Dabei sind vor allem zu erfassen:
- Neugierde am Thema, Motivation zu intensiver Arbeit daran
- Vorkenntnisse und Voreinstellungen zum Thema Afrika

Fehlen zu einer Befragung Möglichkeit und Zeit, sollte man als Lehrer zumindest dann, wenn man dem Kurs das Projekt vorstellt, nach Meinungen und Erwartungen fragen und die Schülerreaktionen sorgfältig notieren, um sie zu gegebener Zeit wieder zu thematisieren.

1 B (kursbegleitend)
Darstellung der aktuellen Situation in Afrika in Presse, Fernsehen und Internet
Aufgabe: „Presseübersicht“
Eine kleine Arbeitsgruppe von zwei oder drei Schülern, die daran gewöhnt sind, politische Nachrichten in Presse und Fernsehen zu verfolgen, bekommt schon vor Beginn des Halbjahrs die Presseberichte zugewiesen. Auf einer Pinnwand hat sie mithilfe von Karten, Zeitungsausschnitten, „Pressebulletins“, dem „Fischer-Weltalmanach“ etc. die aktuelle Lage in Afrika zu dokumentieren. Je nach politischer Entwicklung oder den Bedürfnissen des Unterrichts wird man eine Besprechung der aktuellen Lage sowie der Sprache und Interpretationsmuster der Medien durchführen. Ziel dieser Arbeit ist nicht nur der Gewinn von Information, sondern auch die zunehmende Erfahrung der Schüler, wie sie selbst Urteilskraft und Kompetenz erwerben: So kann z. B. die in den Medien beliebte Kritik an der Schwäche staatlicher Strukturen und am Fehlen demokratischer Konfliktformen in „Afrika“ mit wachsender Kenntnis der politischen Traditionen in unseren Untersuchungsgebieten („Palaverdemokratie“) zunehmend neu definiert und kritisiert werden.

Teil 2 – Das Benin-Reich

Mit der Kultur der Edo, die in ihrer politischen Gestalt gewöhnlich als Benin-Reich oder auch als Königreich Benin bezeichnet wird, haben wir eine Hochkultur vor uns, die Europäern nicht als völlig fremd erscheint. Sie wird hier als eine Brücke zur Alterität Afrikas verwendet und daher zunächst stärker nach ihren Gemeinsamkeiten mit historischen europäischen Gesellschaften betrachtet. Wir betonen daher zuerst die Merkmale einer dauerhaften Herrschaft, ja Staatlichkeit, und die konfliktreichen, aber eher friedlichen und rechtlich geordneten Zustände im Benin-Reich. Arbeitsteilung, Fernhandel, Kunst und eine mündliche Überlieferung, die geschichtliches Selbstverständnis beweist, können als Zeichen einer komplexen, vertikal gegliederten Gesellschaft verstanden werden, die anders als die in Afrika häufig zu findenden segmentären Gesellschaften (s. unten S. 20) gewisse Vergleiche mit europäischer Geschichte erlaubt.

2.1 – Die Bestätigung eines Vorurteils?

2.1 – Einstieg in das Thema
Darstellung S. 17-18, M 2.1
Aufgabe: Erklärung eines Vorgangs im Jahre 1897 aus dem Vorverständnis von „Afrika“
1. Als unmittelbarer Einstieg in die Arbeit ist das Teilkapitel 2.1 mit dem Material M 2.1 gedacht, das man gut als Hausaufgabe lesen und vorbereiten lassen kann. Man wird am besten die Frage vorgeben, welches Bild von Afrika und seinen Menschen der Bericht M 2.1 hervorzurufen geeignet ist.
2. Im Unterricht wird man die Wahrnehmungen der Schüler aufnehmen, die in der Mehrheit negativ gefärbt sein dürften. Man wird sie auf die zuvor geklärten Vorverständnisse von Afrika beziehen, ohne sich auf eine Diskussion der Fakten einzulassen, zu der ohnehin die Basis fehlt. Stattdessen kann der Kurs überlegen, auf welche Fragen und Themen sich die künftige Arbeit konzentrieren soll. Sicher können Sie die Schüler auch mit der These provozieren, dass Benin trotz des so unverständlichen Geschehens von 1897 selbst nach europäischen Begriffen als ein jahrhundertealter Staat von hoher Kultur verstanden werden könne.
3. Die Schüler dürften auf die Herausforderung wohl mit der Frage nach Belegen, d. h. nach historischen Quellen reagieren, eine Frage, die den meisten unrealistisch vorkommen wird, da sie sich die Existenz solcher Quellen kaum vorstellen können. Das gibt Ihnen dann die Gelegenheit, den Begriff der mündlichen Überlieferung einzuführen (Sie können hier auch den englischen Ausdruck der *oral tradition* verwenden) und damit die Lektüre der Darstellung S. 19 f. und von M 2.2 vorzubereiten.

2.2 – Mythen und Geschichte in Benin

Es mag auf den ersten Blick konventionell erscheinen, bei einem Thema wie dem Benin-Reich mit seiner Geschichte zu beginnen – und zwar bei den Anfängen. Gerade aber das europäische Vorurteil von der Geschichtslosigkeit Afrikas, das in der einen oder anderen Weise auch den Schülern geläufig sein wird, lässt diesen Zugang überraschend erscheinen und ist geeignet, eine Basis des Vergleichs zu schaffen. Der Beginn der Überlieferungen Benins hat natürlich den Charakter des Mythos, wie die Geschichten aller Hochkulturen im Mythischen beginnen – ohne chronikalische oder antiquarische Funktionen. Man sollte dies den Schülern ausdrücklich erklären, wobei hier und später der Verweis auf Troja sich gut als Brücke zum Fremden eignet.

2.2 A – Frühe Herrschaft im Benin-Reich
Darstellung S. 19-22, M 2.2
Einführung in die Methode: Interpretation mündlicher Überlieferung
1. Auf der Basis von S. 19-21 Mitte und M 2.2 (als Hausaufgabe vorbereitet) lässt sich ein erster Eindruck von frühen Lebensformen und von Herrschaft einer westafrikanischen Ethnie gewinnen. Man sollte dabei aktuelle Informationen zum Regenwald einbeziehen.
2. Im zweiten Schritt wird der Begriff der mündlichen Überlieferung und ihres pluralen Charakters eingeführt. Basis eines Vergleichs mit Europa ist der Verweis auf Troia: In Homers *Ilias* finden sich Materialien, die über 450 Jahre – vom 12. bis zum 8. vorchristlichen Jahrhundert – hinweg ohne Schrift und Landkarten geografische und politische Informationen mit großer Genauigkeit überliefert haben. Allerdings muss man die Annahme der Schüler, in M 2.2 einem authentischen Bericht von frühesten Ereignissen und Personen der Geschichte Benins zu begegnen, enttäuschen: Man kann das auf verschiedene Weisen tun - durch Lektüre der Methodenhinweise auf S. 24 oder des Abschnitts S. 14 f. der Einleitung oder anekdotisch durch den Bericht über die verschiedenen Versionen von Jacob Egharevbas *Short History of Benin*: Wenn es den tüchtigen Herrscher Ere 1934 in der ersten Auflage nur als beiläufig aufgezählten Namen gibt, ihm in der Auflage von 1968 aber Leistungen zugeschrieben werden, die ursprünglich später eingeordnet waren, ergeben sich zwei Schlüsse: Die *oral tradition* bietet für die Zeit vor etwa 1500 keine chronologischen Fakten, ist aber dennoch für das Bewusstsein der Edo bedeutsam – warum, das bleibt zu untersuchen. **Fordern Sie die Schüler immer wieder auf, die Überlieferung auf den Moment ihrer Wiederzählung zu beziehen!** Was ist für diese Gegenwart der Erinnerung wert? Wenn es nicht die Personen und die Einzelereignisse sind, was ist dann das für Herrschaft und soziale Ordnung Relevante?
(Eine genauere Bearbeitung dieser Frage – auch im Rahmen eines Referats oder einer Jahresarbeit erlauben die Materialien Z 1-5 im Anhang dieses Hefts.)

Mit dem nächsten Arbeitsschritt erreichen wir Material M 2.3, einen Auszug aus Egharevbas *Short History,* der in seinem Kern mit großer Sicherheit ein historisches Ereignis berichtet. Zugleich beginnt hier die erste intensive und zeitaufwendige Textarbeit, die drei oder vier Unterrichtsstunden erfordert. Der Text ist so schwierig, dass man ihn nicht selbstständig zu Hause vorbereitet lassen sollte. Die afrikanischen Namen lassen sich schwer einprägen und präsent halten, weswegen im Abdruck der Quelle die Namen optisch voneinander abgehoben wurden – die der Edo sind schwarz unterstrichen, die der Leute aus Ile Ife rot unterlegt. Im Unterricht erhalten die Schüler ein Arbeitsblatt als Hilfe, wobei Sie entscheiden müssen, ob Sie die Gliederung mit Zeilenangaben vorgeben wollen.

2.2 B – Benin und die Yoruba-Stadt Ile Ife: Die Konsolidierung von Herrschaft
Darstellung S. 22f., M 2.3
Methodische Hinweise S. 24, Begriffserklärungen S. 23, 25 und 27
Aufgaben: S. 23 und 27
1. Der Text wird – etwa anhand der Aufgabenstellung S. 23 – in Stillarbeit (besser Partner- als Gruppenarbeit) ausgewertet. Es werden die Herrscherrechte und -pflichten und die Grenzen von Herrschaft ermittelt. Eine Gruppe schreibt jeweils ihre Ergebnisse auf eine Folie, die die Basis des Klassengesprächs bildet. Zwei Schüler verfassen fortlaufend ein Ergebnisprotokoll für M 2.3 als Ganzes – am besten auf einer zweiten Folie, die vom Kurs korrigiert und dann für alle kopiert wird.
2. Erklären Sie dem Kurs, dass wir uns mit M 2.3 jetzt auf historischem Boden bewegen, da alle bis heute bekannten und zum Teil sehr widersprüchlichen Überlieferungen, aber auch rituelle Traditionen (S. 37 f.) darin übereinstimmen, dass es einen großen Konflikt um die Macht in Benin gegeben haben muss (möglicherweise im 14. Jahrhundert), in den eine politische Kraft von außen, nämlich aus der Yoruba-Stadt Ile Ife, hereingezogen wurde. Dass es dabei umstritten ist, ob Oranmiyan ein Yoruba war oder ein in Ile Ife lebender Edo, der zuvor von Kräften in Benin ins Exil getrieben worden war, ist für unsere Arbeit nicht so wichtig. Trotz dieser stärkeren historischen Substanz des Ereignisses müssen die Schüler sich bewusst bleiben, dass in der mündlichen Überlieferung Benins nicht historische Ereignisse um ihrer selbst willen, sondern wegen ihrer Folgen erinnert wurden.
3. Die weitere Arbeit am Text kann abschnittsweise mit Einschnitten nach Zeilen 101, 130 und 147

Arbeitsblatt zur Quelle M 2.3

Tragen Sie die politisch entscheidenden Handlungen der Akteure in der Herrschaftskrise in Benin in Stichworten in die folgende Tabelle ein. Da es in den Konflikten zu wechselnden Koalitionen, Frontstellungen und Kompromissen kommt, müssen Spalten zuweilen miteinander verbunden werden.

Zeile	**Evian und Ogiamwen**	***Volk**	**Herrscher**	**Ile Ife**
1-5				
6-34				
35-39				
40-74				
96-101				
102-115				
116-130				
131-146				
148-158				

vorangehen. Bei der Auswertung der Überlieferung zeigen sich ausgeprägte und langfristige Konflikte innerhalb Benins. Offenbar war es aber das einzige Mal in der Geschichte, dass sich „die Mächtigen“ nach außen wandten. (Die Nutzung der Möglichkeiten, die die Portugiesen boten, war anderer Art.) Es ist wichtig, dass die Schüler bemerken, dass der Kampf um die Macht nicht chaotisch, sondern nach Regeln verlief! (Unterstützen Sie dies durch wiederholte Hinweise und Fragen!) Das *Volk verfügte nicht nur über die Mittel, sondern auch über das Recht, unfähige oder despotische Herrscher von der Macht zu verdrängen. Diese wurden aber nicht notwendig getötet – wahrscheinlich schützte sie die magische Gewalt ihres Amtes. Aber auch der Besitz gewisser geweihter Gegenstände wie des Thronschemels verlieh Schutz: Sogar der „Usurpator“ Ogiamwen wurde zwar von der Allianz von *Volk und dem Yoruba-Prinzen Oranmiyan verdrängt, verlor aber nicht sein Leben und verfügte weiter über Macht. Erst als Ogiamwen nach vielen Jahren und wohl nicht ohne Vereinbarungen den Thronsessel des abgesetzten Owodo an Oranmiyans Enkel Ewedo übergab, wendete sich dessen Herrschaft zum Erfolg und es kehrte Friede ein.
4. Den Begriff *Volk“ sollten Sie den Schülern wiederholt mit dem Hinweis in Erinnerung rufen, dass dieser Begriff hier nicht im europäischen Sinne verwendet wird. Nach der Abwehr des Ungeheuers Osogan, die allen Menschen in Benin nützte, lässt sich der Begriff zunehmend enger mit einer Personengruppe identifizieren, nämlich derer, die Oranmiyan ins Land holten und dafür von dessen Sohn Eweka belohnt wurden. Es waren das vor allem die *Uzama Nihinron,* die wir später als eine Art von Aristokratie und als Repräsentanten des Landes außerhalb der Hauptstadt sehen werden. Man kann sie vorübergehend als die Königsmacher bezeichnen, die von Eweka als Staatsrat institutionalisiert wurden (Z. 121 ff.). Auch wenn Herrschaft in Benin primär vererbt wurde, erwiesen sich die *Uzama Nihinron* mit ihren riesigen Verwandtschaften und Gefolgen langfristig als überaus mächtig und die häufigen Konflikte um die Nachfolge der *Oba* begünstigten sie dabei.
5. Die Vorstellung einer Verfassung von Benin kann man mit dem Begriff der Balance als einem zentralen Prinzip der politischen Geschichte Benins vorbereiten. (Schon an dieser Stelle können Sie den Text M 4.26 des Afrikanisten L. Harding heranziehen.) In weiten Teilen Afrikas ist die „Dyarchie“, die Teilung der Gewalt zwischen dem magisch legitimierten Herrscher und einer beratenden Versammlung, die seine Untertanen vertritt, charakteristisch. Für Benin wird sich dieses Muster noch weiter verfeinern. Bei der Intervention Ile Ifes in Benin verschoben sich die Machtverhältnisse mehrfach, ohne dass es zu einer radikalen Lösung nach dem Muster des Alles oder Nichts gekommen wäre. Dieses Ergebnis wird sich als dauerhaft bedeutsam für die Geschichte Benins erweisen. Wie fein die Balance austariert wird, zeigt sich darin, dass Ewekas „Verfassung“ offenbar noch nicht ausreichte, Benin eine innere Stabilität zu geben, und dies erst seinem Nachfolger Ewedo gelang.

Das Ergebnis der Quellenarbeit kann etwa so aussehen:

<table>
<tr><th>Zeile</th><th>Evian und Ogiamwen</th><th>*Volk</th><th>Herrscher</th><th>Ile Ife</th></tr>
<tr><td>1-6</td><td></td><td></td><td>Owodo versagt; er kann die Edo nicht schützen.</td><td></td></tr>
<tr><td>6-34</td><td>Evian befreit das *Volk von einem Ungeheuer.</td><td>Das *Volk beruft Evian zum Herrscher.</td><td></td><td></td></tr>
<tr><td>35-39</td><td></td><td></td><td>Evian ist Verwalter der Herrschaft.</td><td></td></tr>
<tr><td>40-47</td><td>Evian vererbt seine Funktion an seinen Sohn Ogiamwen.</td><td>Das *Volk wendet sich gegen Evian und Ogiamwen.</td><td></td><td></td></tr>
<tr><td>48-74</td><td></td><td>Das *Volk wendet sich an Odudua, den Herrscher von Ile Ife.</td><td>Odudua schickt (zögernd!) seinen Sohn Oranmiyan.</td><td></td></tr>
<tr><td>74-95</td><td rowspan="2">Ogiamwen verfügt weiter über Macht, offenbar durch Besitz des Thronschemels des Ogiso.</td><td>Oranmiyan scheitert an Widerständen aus dem *Volk.</td><td>Er ernennt seinen Sohn Eweka, dessen Mutter eine Edo ist, zum Oba.</td><td>Oranmiyan kehrt nach Ife zurück.</td></tr>
<tr><td>96-101</td><td></td><td colspan="2">Eweka hat magische und politische Berater aus Ile Ife, u.a. den Medizinmann Ogiefa.</td></tr>
<tr><td>102-115</td><td colspan="3">Konflikte zwischen Edo und Yoruba – stellvertretend der zwischen Ogiamwen und Ogiefa – enden in Einigungen (Ehe der Kinder).</td><td></td></tr>
<tr><td>116-130</td><td></td><td colspan="2">Eweka beteiligt die „Königsmacher“ (das *Volk) an der Herrschaft, ist aber wenig erfolgreich.</td><td>Eweka lässt sich in Ile Ife bestatten.</td></tr>
<tr><td rowspan="2">131-146</td><td></td><td></td><td>Ewedo erbt die Oba-Würde - politische Krise.</td><td></td></tr>
<tr><td>Ogiamwen gibt den Thronschemel heraus.</td><td></td><td>Ewedo erwirbt weitere magische Zeichen der Macht.</td><td></td></tr>
<tr><td>146-158</td><td></td><td colspan="2">Ewedo kann die Privilegien der Chiefs beschneiden; ein neues Gleichgewicht der Kräfte entsteht.</td><td></td></tr>
</table>

Auch die Einführung der zweiten Methode, der Interpretation von Bronzefiguren, erfordert einen zunächst stärker vom Lehrer gelenkten Unterricht. Wieder wird man die ersten Bilder im Unterricht bearbeiten und im Klassengespräch die Ergebnisse zusammenfügen. Dabei wird sichtbar, dass sich in der Konkurrenz der bildlichen und der mündlichen Überlieferungen zugleich die Dynamik der Auseinandersetzung um die Macht abbildet. Erklären Sie den Schülern den Rang der Bronzeplastik Benins! Selbst in der großen Kunst Afrikas treten sie mit ihrer außerordentlichen künstlerischen Qualität, ihrer technischen Meisterschaft und ihrer Individualität besonders hervor. (Diese Individualität ist nicht mit der der dargestellten Personen zu verwechseln!) Der Ethnologe Felix von Luschan, der die Berliner Bestände veröffentlichte, verglich sie mit der Kunst der Renaissance! Sagen Sie deutlich, dass 99 Prozent dieser Kunstwerke in europäischen und amerikanischen Museen sind.

2.2 C – Die politische Dynamik Benins und ihre Präsenz in den Überlieferungen
Darstellung S. 29-31, M 2.4 bis 2.6, Erklärung S. 30
Einführung einer Methode: Interpretation der höfischen Bronzekunst von Benin
Aufgabe: S. 32 und 33

1. Die Arbeit dieser Unterrichtseinheit beginnt mit dem „Lesen" der Bilder auf S. 31. (Die voraufgehende Hausaufgabe sollte man noch der Fixierung der Ergebnisse der Arbeit an M 2.3 widmen.) Die Schüler sollten zunächst dem „Realismus" der Kunst Benins vertrauen und unbefangen ihre Eindrücke sammeln. (Als Kontraste können Sie die Kultfigur der Mbembe-Vili S. 30 oder im Vorgriff die Farbtafeln S. 65 ff. heranziehen.) Wenn sich die spontane Beobachtung erschöpft, wird man deutlicher auf den Zeichencharakter der Kleidung, der Rüstung und der Gesten eingehen, die methodischen Anweisungen auf S. 30 vorstellen und auf die Frage hinführen, welche „Bedeutungen" die dargestellten Dinge haben. Dabei liegt es nahe, möglichst konkret bei dem praktischen Kampf- und Verteidigungswert dieser Objekte zu beginnen, bevor Sie die Aufmerksamkeit auf die Einzelheiten lenken, die sich nicht funktional erklären lassen, und auf Wesen und Kräfte hinweisen, die in oder hinter sichtbaren Gegenständen verborgen sein könnten, denn diese sind die stärksten Waffen!
2. Im nächsten Schritt wenden wir uns der Bronzetafel M 2.4 auf S. 32 zu. Mit den nebenstehenden Beobachtungshinweisen werden die Schüler rasch bemerken, dass hier eine politische Information vorliegt, die man vorsichtig in Beziehung zur „Verfassung" Ewedos (M 2.3) setzen kann.
3. Sie können dann M 2.5 mit der Bildquelle M 2.6 konfrontieren, wobei der Text wieder nicht primär als Chronik zu sehen ist, obwohl *Oba* Ohen seine gesicherten historischen Wurzeln hat. Vielmehr wird man die Spannungen zwischen den an der Macht beteiligten Personen im Rahmen der Ewedo-Ordnung erörtern und das Ergebnis als eine „verfassungskonforme" Konfliktlösung diskutieren. Hierbei können Sie die Funktion des *Iyase* als des obersten *town-chief* von Benin-City benennen und den *Uzama Nihinron* als den Vertretern des „Landes" außerhalb der Hauptstadt gegenüberstellen.
(In einem gut motivierten Kurs mit stabilen methodischen Voraussetzungen können Sie mehrere Arbeitsschritte zu einer einzigen Aufgabe zusammenziehen und als Vergleich zweier Darstellungen eines und desselben *Oba* Ohen der häuslichen Vorbereitung überlassen.)
4. Beim „Lesen" von M 2.6 können die Schüler schon selbstständig arbeiten. Als Aufgabenstellung bieten sich verschiedene Möglichkeiten an. Sie können die Texte in Bilder (Bronzeplastiken) und die Plastiken in Texte übersetzen lassen oder die Darstellung, d. h. die Überlieferung der einen „Partei" durch die Vertreter der jeweils anderen kritisieren und bestreiten lassen. Entscheidend für den Erfolg des ganzen Kurses ist es, den Schülern wahrnehmbar zu machen, dass wir es hier mit einem Kampf um feste Ordnungen zu tun haben. So missverständlich Begriffe wie Königreich und vor allem Staat in diesem Zusammenhang wären, so wichtig ist die Wahrnehmung, dass es den Edo um überindividuelle, der Willkür entzogene und auf Dauer angelegte Ordnungen geht. Wenn es Ihnen jetzt gelingt, Ihre Schüler zu einer „Verfassungsdebatte" zu bewegen und zu einer Bewertung dieses *system of checks and balances* zu führen, haben Sie sicher ein gutes Stück Erkenntnisarbeit geschafft.

Sie können nun eine erste systematische Darstellung der sozialen Struktur und des politischen Systems des Benin-Reichs angehen. Das ist eine etwas mühsame Arbeit, für die Sie die Schüler mit dem Versprechen gewinnen können, dass dabei Erkenntnisse gewonnen werden, die über den Fall des kleinen Benin hinaus für große Teile Westafrikas Beispielcharakter haben und uns für politische Diskussionen über Afrika mit durchaus verallgemeinerbaren und tragfähigen Argumenten ausstatten.

2.2 D – Soziale Struktur und Machtverhältnisse in Benin
Zusatzinformation: Darstellung S. 28-29
Grundlage: Ergebnisse des voraufgegangenen Unterrichts

Sie können jetzt die soziale Struktur Benins darstellen und in diese den Kreis der an der Herrschaft beteiligten Personengruppen eintragen lassen. Am besten geben Sie ein Schema vor (Tafelskizze zum Abschreiben), in dessen vier Felder Sie die großen sozialen Gruppen eintragen: diagonal die bäuerliche Bevölkerung der Dörfer und die (mit Vorbehalt so zu nennende) „Bürgerstadt" von Benin City sowie die beiden kleinen Gruppen „adliger" Machtträger, die *Uzama Nihinron,* die außerhalb des Palastbezirks Ogbe in Benin City wohnen, und im Palastbereich die *palace-chiefs.*

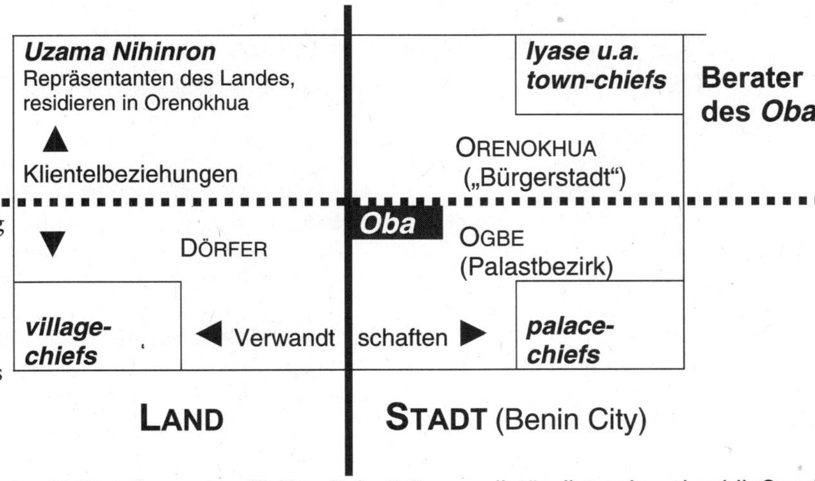

In der bäuerlichen Sozialordnung hat das Dorf Vorrang vor den Familien ; es weist diesen das Land zu. Die *village-chiefs* sind einerseits Klientel der mächtigen *Uzama Nihinron* und andererseits mit den *palace-chiefs* am Hofe des *Oba* verwandt.

Das Schema kann erst nach der Behandlung des Teilkapitels 2.3 vervollständigt oder abschließend interpretiert werden. Sie müssen entscheiden, ob Sie alle darin enthaltenen Informationen von allen Schülern oder von einer Gruppe erarbeiten lassen wollen und wann Sie das fertige Schema dem Kurs geben. Es ist durchaus möglich, den Schülern das fertige Ergebnis bereits zum Abschluss der Arbeit an Kapitel 2.2 zu geben, bevor alle Einzelheiten erarbeitet sind. Dabei sollten Sie im Vorgriff auf das Kapitel 2.3 besonders auf den Personenkreis der zahlreichen *palace-chiefs* hinweisen, die in Ogbe, dem „Regierungsviertel“ von Benin City, leben und wichtige rituell-religiöse und praktisch-administrative Funktionen wahrnehmen (S. 33 ff.).

2.2 E – Eine „Verfassung“ für Benin
Informationsbasis: Voraufgehender Unterrichtsschritt

Insofern – ähnlich wie in der Feudalordnung des mittelalterlichen Europa – in Benin soziale Ordnung und Herrschaft sich überlagern, lassen sich 2.2 D und 2.2 E nicht präzise voneinander abgrenzen.

1. Das Schema der politischen Mitwirkung bedarf nun der Interpretation und dabei können wir teilweise durchaus von dem Denkmodell einer ungeschriebenen, aber durch die mündlichen Überlieferungen fixierten Verfassung ausgehen – genauer gesagt dem Teil der Verfassungsordnung, der die Herkunft und Begrenzung der Herrschergewalt regelt. Hier sind Anzeichen zu sehen, dass in den mündlichen Überlieferungen gewisse Rechtsgewohnheiten der Politik und eine „Institutionalisierung“ der Konflikte fixiert wurden. Dabei wird man sowohl hinsichtlich Afrikas wie Europas der beliebten Vorstellung entgegentreten, dass Verfassungen die Realitäten der Macht regeln: Verfassungen sind immer historische Ordnungen im Wandel, die - in welcher Form auch immer - ständig neu aufgezeichnet werden. Wichtig ist, dass die Schüler frühzeitig sowohl den Systemcharakter dieser politischen Ordnung erkennen, als auch seine Veränderung wahrnehmen und mit Neugierde verfolgen.

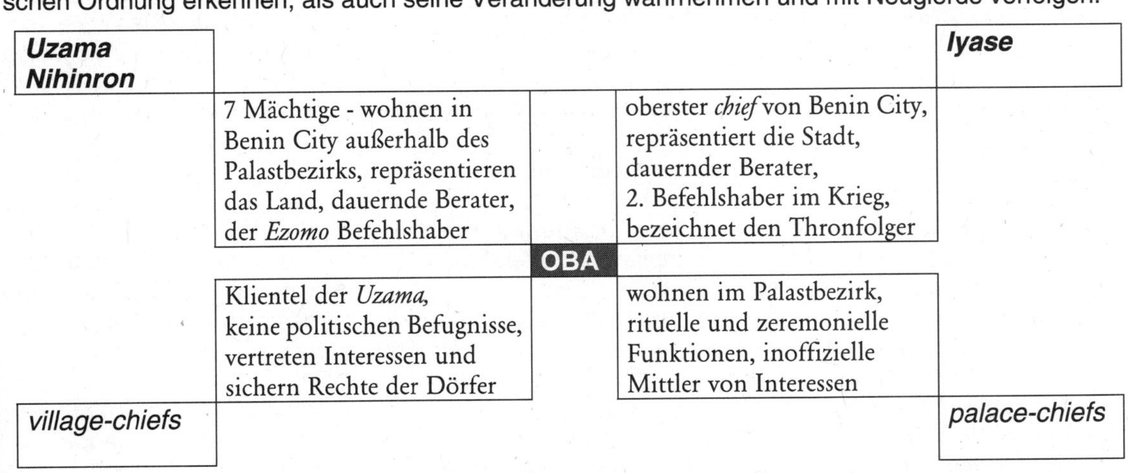

2. In einem letzten Schritt können Sie jetzt auf das Problem der mündlichen und künstlerischen Überlieferungen zurückkommen, wobei der Plural wichtig ist. Erinnern Sie die Schüler immer wieder an diese Pluralität der kollektiven Erinnerung in Benin und an ihre Widersprüchlichkeit. Stellen Sie ihnen die Frage, was diese Widersprüchlichkeit außer einem Hindernis für unseren Prozess des historischen Erkennens sonst noch bedeutet. In ihr drückt sich gerade die Authentizität einer politischen Kultur der Pluralität, der Partizipation und des durchaus auch institutionalisierten Konflikts aus, der sich von europäischen Traditionen nicht grundsätzlich unterscheidet.

2.3 – Der *Oba* als sakraler Herrscher: Das Heilige und die magische Dimension der Wirklichkeit

Das schwierigste Problem bei der Behandlung des Themas Afrika ist der Komplex des Religiösen. Die Mehrheit unserer Schüler dürfte dem transzendentalen Kern des Religiösen mit der Distanz gegenüberstehen, die für industrielle und postindustrielle Gesellschaften insgesamt charakteristisch ist. Wenn Religiöses überhaupt Gegenstand des Gesprächs ist, wird es scharf von der materiellen Wirklichkeit getrennt. Was nicht Gegenstand modernen wissenschaftlichen Denkens sein kann, wird selten als Gegenstand des allgemeinen gesellschaftlichen Diskurses akzeptiert und daher dem privaten Bereich zugewiesen. Wir Europäer verstehen unsere Welt primär rational und sehen den Menschen als das Ergebnis der biologischen Evolution sowie individueller sozialer und biografischer Entwicklung an. In Afrika aber sind Diesseits und Jenseits, Leben und Tod, Profanes und Heiliges immer nur je zwei Dimensionen einer Wirklichkeit: Sich eine jenseitige Welt der Toten vorzustellen, die sich gleichzeitig mit der der Lebenden durchdringt, fällt uns schwer, obwohl in früheren Epochen Europas Ähnliches vorkommt. Der afrikanische Umgang mit dem Tod und Gebräuche bis hin zu Menschenopfern sind schon deswegen schwer zu thematisieren, weil sie uns abstoßen.

Sprechen Sie, wenn möglich, über dieses Thema frühzeitig mit einem Kollegen oder einer Kollegin vom Fach Religion. Man hat im Unterricht meist ein paar Schüler gemeinsam, die eine Brücke herstellen und die Ergebnisse des einen Fachs zum anderen vermitteln können. Auch als Geschichtslehrer hat man gewöhnlich Schwierigkeiten, wenn man mit begrenzten theologischen Kenntnissen christliche und andere religiöse Vorstellungen diskutieren möchte. Zudem erschwert die christliche Vorstellung von einer Jenseitigkeit Gottes den Umgang mit einer afrikanischen Sicht des Göttlichen und Heiligen, das in der Lebenswirklichkeit allgegenwärtig ist und erlaubt, leicht zwischen Diesseits und Jenseits hin und her zu wechseln. Es verbietet sich, einen Zugang zum Religiösen über die verbreitete Neugierde an der Esoterik zu suchen. Stattdessen sei hier vorgeschlagen, sich an Rudolf Ottos 1917 erschienenem klassischen Werk *Das Heilige* zu orientieren, das mit diesem Begriff nicht nur christliche Glaubenserfahrung, sondern jegliche Vorstellung von einer den Menschen überschreitenden bewusstseins- und willensbegabten Kraft zu diskutieren ermöglicht.

Hilfen für einen Zugang zur afrikanischen Religiosität lassen sich in den christlichen Heiligengeschichten finden; noch besser eignen sich dazu die antiken Religionen. Die vielen Götter, die heiligen Wesen und ihre Orte, die Genien und Heroen der Mythen belegen eine Durchdringung des Diesseits mit dem Heiligen, das Analogien zu Afrika erlaubt. Von großem Vorteil ist es, wenn Sie vor dem Thema Afrika mit dem Band „Europäische Agrargesellschaften“ (GESCHICHTS-KURSE 1) gearbeitet haben, der intensiv die enge Durchdringung von Landwirtschaft und Religion in Antike und Mittelalter behandelt. Wie immer Sie Benin diskutieren wollen, Sie werden es ohne den Begriff des „Heiligen“ nicht können, so schwierig das auch sein mag. Dabei sollten Sie in der praktischen Durchführung nicht mit dem Begriff des Heiligen beginnen, sondern die Schüler auf das Phänomen stoßen und seine Unumgänglichkeit erkennen lassen. Dazu kann man erstaunlicherweise mit der Geografie von Benin City beginnen, deren Beschreibung unweigerlich zur magischen Dimension führt. Gleichzeitig mit dem Heiligen wird erneut die Geschichte Benins thematisiert: In höfischen Funktionen und in Ritualen artikulieren sich historische Entwicklungen und Erfahrungen – auch sie sind Überlieferung!

2.3 A – Benin City und sein „magischer“ Stadtplan
S. 33-35, M 2.7-2.10
Aufgabe: Untersuchung einer Stadt, ihrer Funktionen und Strukturen

Ein Ausschnitt aus einem modernen Stadtplan mit zugehöriger Erklärung, eine Bronzegussplatte aus Benin, eine historische europäische Quelle und ein europäisches Bild bieten ein relativ vielfältiges Material, das zugleich einen Vergleich zwischen afrikanischem und europäischem Verständnis der Stadt erlaubt. Das Material ist so konkret und die Methoden sind so weit bekannt, dass man die Schüler hier schon recht selbstständig arbeiten lassen kann.

1. Die Schüler entwickeln tabellarisch und eventuell in einem journalistischen Text einen Vergleich zwischen Benin City, einer europäischen Stadt der frühen Neuzeit und einer modernen Hauptstadt. Benin City erweist sich als durchaus vergleichbar mit europäischen Residenzstädten des Barock und in gewissem Maße auch mit einer modernen Hauptstadt. Auf der Basis einer ausgeprägten Funktion als demografischer und wirtschaftlicher Mittelpunkt ist es der Ort der politischen Entscheidungen und das religiöse Zentrum.
2. Das Bild von Straßen und öffentlichen Gebäuden, die Funktionalität der Einrichtungen und die positive Bewertung der Stadt im niederländischen Bericht schaffen eine Basis des Verständnisses. Dabei muss aber der Quellencharakter des Bildes berücksichtigt werden: Es ist in den Niederlanden nach einem Augenzeugenbericht (und vielleicht nicht einmal einem direkten) gestochen worden und damit gleichermaßen Zeugnis einer europäischen Sicht der Dinge.

3. Der Stadtplan von Benin City unterscheidet sich bei näherem Hinsehen klar von dem einer europäischen Stadt; es fallen eine gewisse Dezentralität und das Übergewicht der unbesiedelten Flächen gegenüber den bebauten auf. Die Information zu den markanten Grenzwällen und ihren magischen Funktionen verraten eine „Tiefenstruktur", die der heutigen Welt völlig fremd ist: Zu der zweidimensionalen Gliederung der Fläche tritt eine dritte Dimension, in der sich das Diesseits von den magischen Kräften der Totenwelt und des Jenseits abhebt. Dieses Bild wird in den nächsten Arbeitsschritten in dem Maße intensiviert, wie die magischen Funktionen des *Oba* sichtbar werden. (Man kann den Schülern dazu den kleinen Kartenausschnitt des Buchs vergrößert als Kopie geben und zeichnerisch um die dritte Dimension erweitern lassen.) Dabei sind die Grenzen um Ogbe, den Stadtbezirk des *Oba*, und um die Gesamtstadt hervorzuheben und symbolisch die Kräfte darzustellen, gegen die die Menschen hier verteidigt werden, bzw. die Kräfte, deren Verkehr der Kontrolle durch den *Oba* unterworfen wird.

2.3 B – Sakrale Herrschaft in Benin im Vergleich zum europäischen Königtum
Darstellung S. 36-39
Aufgabenstellung: S. 39

1. Die Darstellung ist auf einen Vergleich von Herrschaft in Westafrika und im mittelalterlichen und frühneuzeitlichen Europa angelegt. Wenn man bei den Schülern keine ausreichende Erinnerung an die von Ludwig XIV. von Frankreich repräsentierte Herrschaftsform (Absolutismus, Barock) voraussetzen kann, sollte man ihnen die entsprechende Passage eines Unterrichtswerks der Sekundarstufe II oder selbst der Sekundarstufe I zur Verfügung stellen. Dabei stehen sowohl für Afrika als auch für Europa die Bilder im Vordergrund, aus denen sich die Symbole von Herrschaft ablesen und deren Bezug auf das Jenseitige erkennen und bezeichnen lassen.
2. Der Vergleich der magischen Kraft des *Oba* mit der der französischen und englischen Könige erlaubt eine Verknüpfung der afrikanischen Wirklichkeit mit der Europas. Der scheinbar fremde und vermeintlich spezifisch afrikanische Aberglaube bekommt hier einen umfassenderen anthropologischen Rahmen: Die symbolische, in den Abläufen von Riten konkretisierte Vermittlung von Sinn und Ordnung ist offenbar ein allgemein menschliches Bedürfnis, das bis in die moderne Welt des heutigen Europa verfolgt werden kann.
3. Die Untersuchung sakraler Ereignisse führt zurück zu der Frage nach der Geschichte Benins: In bestimmten Ritualen wird wie in der mündlichen Überlieferung und in den Kunstwerken Benins eine historische Erfahrung vermittelt, wobei die Nachricht in der Gestalt des Rituals sozusagen über jeden „Zweifel" erhaben ist. Beziehen Sie die Rituale S. 37 f. auf M 2.3 und den dort beschriebenen Streit um die Machtverteilung zwischen Herrscher und Adel und beziehen Sie sie auf die von den Schülern erstellte „Verfassung": Modern gesprochen sind der institutionalisierte Konflikt und der Kompromiss als Lösung charakteristisch. Geschichte als Konflikt und Prozess wird so zunehmend verdichtet.
Die weitere Arbeit und besonders die spätere Diskussion der These von der afrikanischen „Dyarchie" von Herrscher und Beratern (L. Harding, M 4.25) lassen sich in dieser Phase am besten sichern, indem Sie einzelnen Schülern oder Schülergruppen die Aufgabe geben, knappe Ergebnisprotokolle zu erstellen und später schrittweise mit Verweisen auf die Stellen zu ergänzen, die für eine umfassende Interpretation afrikanischer Herrschaft von Bedeutung sind.

Es bleibt Ihnen überlassen, ob Sie die Diskussion des Begriffs des Heiligen an dieser Stelle oder schon zuvor nach der Bearbeitung des Stadtplans beginnen möchten oder erst nach dem Unterrichtsschritt 2.3 D, wenn dieses Moment noch deutlicher, ja geradezu krass geworden ist.

2.3 C – Der Begriff des Heiligen
Eigene Vorstellungen der Schüler
Klassengespräch

1. Bereiten Sie Ihre Schüler darauf vor, dass eine etwas unerwartete Aufgabe bevorsteht, und bitten Sie sie dann, die Gefühle, Werte, Vorstellungen, Beziehungen, Personen und vielleicht sogar Gegenstände zu benennen, die ihnen unantastbar, „tabu", „heilig" sind, um in der Vielfalt des Genannten die (vielleicht unterbewusste) Existenz des Heiligen für uns alle sichtbar zu machen. Sie können – auch wenn Sie deren Funktionen persönlich skeptisch sehen – die Aufmerksamkeit der Schüler auf scheinbar säkulare Feiern und Feiertage und nationale Kulte (Deutschland vor 1945, den 14. Juli in Frankreich), auf Fahnen, Paraden und Zeremonien hinlenken, um die Spannweite dessen wahrnehmbar zu machen, was für Menschen wie das Heilige sein kann. Selbst wenn Ihnen im Fernsehen z. B. eine Werbung einer Versicherungsgesellschaft mit dem Schutzengel auffällt – wie ironisiert und gebrochen das auch immer sein mag -, so können Sie damit einen Ansatzpunkt gewinnen. Das Risiko dieser Unterrichtsphase liegt vor allem in Reaktionen der „coolen" Schüler und Schülerinnen, die auf ihre Verunsicherung gelegentlich mit gezielter Rohheit antworten. Sammeln Sie an der Tafel das Vorstellungsfeld des Heiligen: Synonyma und Konnotationen wie Tabu, das Unfassbare, das Jenseitige, Gott, Sinn, „das, worüber ich nicht mit mir diskutieren lasse" usw. Suchen Sie dabei nach möglichen Verknüpfungen mit dem Unterricht in Religion, Philosophie und Literatur!

2. Bitten Sie die Schüler nun, den neu gewonnenen Begriff des Heiligen auf die Existenz, die Zeichen und das Wirken des *Oba* anzuwenden, wobei sie auch auf die Ergebnisse des Unterrichtsschritts 2.2 C zurückgreifen sollten. Lassen Sie mit dem Begriff besonders die Natur der Grenzen in und um Benin City interpretieren und eine modellartige Darstellung von den beiden Welten des Diesseits und des Jenseits und der Funktion des *Oba* als eines *Pontifex* zwischen beiden herstellen! (Wenn Sie Schüler haben, die mit dem PC geschickt grafische Darstellungen entwerfen können, sollten Sie das hier nützen; die Ergebnisse können sowohl als Materialien für die Hand der Schüler wie als Wandbilder den Fortschritt der Arbeit dokumentieren.)

2.3 D – Die Grenze zwischen Tod und Leben – Das Menschenopfer
Darstellung S. 39-43, M 2.11-2.13
Aufgabe: S. 43

1. Die Schüler können zunächst den Text S. 39 und 40 lesen und vor allem die schematisierte Darstellung von Diesseits und Jenseits (S. 40) als ein Kontinuum der Welt vom Schöpfergott bis zum Menschen interpretieren. Man sollte dieses Schema zudem mit dem Stadtplan von Benin City vergleichen: Es zeigt sich eine komplexe Welt, die sich von der materiellen Realität bis in die spirituelle Welt erstreckt und in der sich Individuen über Grenzen hinweg bewegen, die Europäern als unüberschreitbar erscheinen.
2. Der Aspekt des Menschenopfers in M 2.11 und 2.12 weckt in den Schülern trotz aller Information Widerwillen. Es ist nicht leicht, ihnen das als eine Kommunikation der Herrscher und hochrangiger Adliger mit ihren Ahnen und anderen Geistwesen verständlich zu machen. Die zweckrationale Sicht des Menschenopfers als eines Mittels zur Sicherung des Wohlergehens eines Volkes und zugleich als Quelle der Macht des Herrschers kann dabei als zynisch erscheinen.
3. Gegen die Tendenz, die Vorstellung Afrikas vom Tod als Zeichen der Barbarei einer der unseren völlig fremden Kultur zu sehen, können Sie über das Menschenopfer in der biblischen und der antiken Überlieferung berichten. Das lässt sich mit einem Lehrervortrag mit Verweisen auf die Literatur erreichen, doch stehen dafür auch die Zusatzmaterialien Z 6 bis Z 12 zur Verfügung.
4. M 2.13 erlaubt die Konkretisierung der Frage der Menschenopfer auf die Herrschaft hin: Welchen Beitrag leisten sie zur Festigung und Legitimation von Herrschaft? Der Konflikt zwischen dem *Oba* und den großen *Chiefs* wie auch der Wettbewerb der Söhne und potenziellen Nachfolger um die Pforte zum Reich der Ahnengeister und Götter geht um die entscheidende Quelle aller Macht über die lebenden Menschen. Damit bereiten Sie zugleich einen konfliktreichen Aspekt der politischen Ordnung des Benin-Reichs vor, die Regelung der Nachfolge, die im nächsten Kapitel eine zentrale Rolle spielt. Sie sollten Ihre Schüler wieder darauf hinweisen, dass sich auch in dieser fremden Form der religiösen Zeremonien der historische Prozess in Benin abbildet.

Das Menschenopfer wird bis zur abschließenden Betrachtung der Ereignisse von 1897 sowie im Zusammenhang mit dem Ende der Sklaverei in Kapitel 3 wiederkehren, das Thema des Heiligen bleibt bis zum Ende von Kapitel 3 gegenwärtig. So sollten Sie darauf achten, dass die Unterrichtsergebnisse sorgfältig fixiert werden. Zwei Schüler sollten sie auf Folien festhalten und nach Bedarf wieder einbringen, zwei andere mit guten Englischkenntnissen könnten (eventuell im Zusammenhang mit einem Englischkurs) Wole Soyinkas *Death and the King's Horseman* lesen und dem Kurs vorstellen.

2.4 – Benin als Großmacht im unteren Niger-Gebiet

Hinsichtlich der Methodenarbeit wird in diesem Kapitel nichts Neues eingeführt; inhaltlich gibt es zwei Schwerpunkte. Quasi innenpolitisch wird man die Dynamik der „Verfassungsordnung“ beobachten und sicherer verstehen und beurteilen lernen. Dabei treten die Konflikte um die Thronfolgeregelung mit der wiederholt erschreckend gewalttätigen Demonstration der Macht der *Oba* deutlich hervor; wichtig ist aber auch unter der Herrschaft Esigies die Erweiterung des Machtzentrums um eine Frau – die „Königinmutter“: Hier können Sie deutlich die geschichtliche Entwicklung Benins hervorheben. Außenpolitisch baut sich das Bild eines regionalen politischen Systems in Westafrika mit verschiedenen, überwiegend ethnisch definierbaren „Spielern“ auf. In der Verkettung seiner Kräfte reicht es von den islamischen Herrschaften der Savanne im nördlichen Nigerbogen bis in das Gebiet um Nigermündung und Cross River, wird aber durchweg nur in nachbarschaftlichen Relationen wahrgenommen, nicht als Gesamtsystem. In seinem östlichen Teil, dem unteren Nigergebiet, nimmt Benin längere Zeit eine zentrale Rolle ein. In diesen Zusammenhang tritt Ende des 15. Jahrhunderts erstmals eine europäische Macht ein, Portugal; es bleibt aber für zwei Jahrhunderte einer unter mehreren Faktoren und keineswegs der wirksamste.

Gerade bei diesen „außenpolitischen“ Aspekten erscheinen afrikanische und europäische Wirklichkeit als miteinander vergleichbar und für die Schüler prägt sich das Gemeinsame der Kulturen tiefer ein. Dennoch muss man hier zugleich, wo immer es möglich ist, das „Andere“ im Ähnlichen sichtbar machen und im Bewusstsein gegenwärtig halten: Nur die Spannung zwischen beidem ermöglicht ein leidlich angemessenes Verständnis Benins und damit Afrikas.
Nach der intensiven und bis ins Detail strukturierten Arbeit in den voraufgehenden Unterrichtsabschnitten können der Kurs oder einzelne Schülern jetzt selbstständig größere Aufgaben bearbeiten, was sowohl in häuslicher Vorbereitung wie in Gruppenarbeit im Unterricht geschehen kann.

2.4 A – *Oba* Ewuare und der Aufstieg Benins zur regionalen Macht
Darstellung S. 44-46, M 2.14
Aufgabe: S. 45

Als einzigem Herrscher von Benin teilt Jacob Egharevba dem *Oba* Ewuare das Prädikat *der Große* zu. Das ist zweifellos von europäischen Vorbildern abgeschaut und ein weiterer problematischer Eingriff in die Überlieferung; zudem ergibt der Vergleich der vierten mit früheren Auflagen und mit anderen Überlieferungen in Benin, dass hier eine Reaktion des 20. Jahrhunderts vorliegt. Erinnern Sie Ihre Schüler immer wieder an die Unsicherheiten der Überlieferungen und die problematische Rolle Egharevbas! Trotzdem besteht an Ewuares Geschichtlichkeit und an seiner überdurchschnittlichen Bedeutung wenig Zweifel. Daher können Sie vorschlagen, ihn als historische Figur vergleichbar einem regionalen mittelalterlichen Herrscher in Europa zu betrachten. **Verweisen Sie auch hier Ihre Schüler darauf, die Wirkung der Überlieferung im Moment ihrer Wiedergabe zu prüfen!**

1. Zwei oder drei Schüler bereiten die Untersuchung des Aufstiegs Benins zur Regionalmacht auf der Basis von M 2.14 und von Auszügen aus Teil 1 vor. Sie stellen in zwei Kurzreferaten von je etwa fünf Minuten Dauer Rahmeninformation über Westafrika bereit und geben mithilfe einer Folie eine Übersicht über den Aufstieg Ewuares. Diese Schüler wählen geeignete Passagen aus M 2.14, lassen sie in Still- und Partnerarbeit interpretieren und leiten dann auch den nachfolgenden Unterricht. Dabei wird wahrscheinlich das vertraute Bild einer europäisch verstandenen Politikgeschichte entstehen, mithin das Gemeinsame von Europa und Afrika betont werden.
2. In einem zweiten Schritt gehen Sie noch einmal auf das für Benin charakteristische „Andere“ zurück, das sich in den magischen Aspekten der Wirklichkeit zeigt. Die magischen Verteidigungsanlagen der Stadt, die Einladung von Magiern und die Zähmung der Menschenfresser Osa und Osuan erlauben dabei eine Anknüpfung an das sakrale Herrschertum – auch das ist nach dem voraufgegangenen Unterricht nachvollziehbar.
3. Besondere Aufmerksamkeit erfordern die Thronfolge und die Funktion von Gewalt und Tod dabei. (Das wird sich bei Esigie wiederholen, da sich in Benin erst im 17. Jahrhundert eine feste Thronfolgeregelung herausbildete.) Der Brudermord überlagert sich mit dem Konflikt zwischen Herrscher und „Adel“ und endet mit einer kaum verständlichen Demonstration der Gewalt des neuen *Oba* gegenüber den Bewohnern seiner Hauptstadt. Zum Verständnis dieses Vorgangs können Sie den Schülern zwei Ansätze anbieten: Zum einen ist das Heilige, d. h. auch der Herrscher als Träger sakraler Gewalt, nichts in sich Gutes, sondern primär das Mächtige, mit dem der Mensch seine Versöhnung suchen muss. Zum andern bedeutet der Begriff „kühl“, mit dem Egharevba den Zustand Benins nach dem Großfeuer bezeichnet, das rituell Reine. Es könnte die neue Lage das Ergebnis eines magischen Reinigungsvorgangs sein, der unvermeidlich mit Opfern verbunden ist: Gehört ein kollektives Opfer also zur Inthronisation eines neuen Herrschers?

2.4 B – *Oba* Esigie und der Ausbau der Großmachtstellung Benins
Darstellung S. 47-48, M 2.15
Aufgabe: S. 49

Esigie ist eine historische Figur – von erheblicher Bedeutung für den wachsenden Einfluss Benins im unteren Nigergebiet und im Bereich der südlichen Yoruba im frühen 16. Jahrhundert. Er ist zugleich der erste Herrscher, der von den Europäern bewusst als politischer Partner wahrgenommen wurde, auch wenn sein Name bis heute noch in keinem portugiesischen Bericht gefunden wurde.

1. Die Schüler können M 2.15 selbstständig vorbereiten und Esigie in politischer, aber auch in sakraler Hinsicht mit Ewuare vergleichen. Auf einer Karte Südnigerias (evtl. eine modifizierte Kopie der Karte S. 19, wobei die Küstenlinie um 4 cm nach Westen zu verlängern wäre, um bis Lagos zu reichen) wird man dann die Expansionsrichtungen sowohl der *Oba* von Benin wie auch die Expansion des Einflusses durch ausgewanderte und vertriebene *Chiefs* darstellen.
2. Das Verhältnis zu den Portugiesen ist vor allem im Hinblick auf die christliche Mission interessant. Hier wird man die Schüler an den Begriff des Heiligen erinnern, um die Kontinuitäten begreiflich zu machen. Dass es der Priester des Gottes Olokun ist, der zum Studium des Christentums nach Portugal reist, zeigt die Offenheit afrikanischer Religiosität und ihre Integrationsfähigkeit. Hier kann man zum Vergleich die Überformungen und Übersetzungen antiker Kulte durch das Christentum heranziehen. Verglichen mit der im 19. Jahrhundert üblichen Verachtung der Europäer für afrikanische Gläubigkeit verdient auch die Bereitschaft der portugiesischen Geistlichen, einen afrikanischen Priester als Vermittler des Glaubens zu akzeptieren, große Beachtung.

2.4 C – Die Rolle der Königsmutter als eine Feindifferenzierung der „Verfassung"
Darstellung S. 48 f., M 2.16 und Abbildung S. 49
M 2.16 kann zunächst in Fortsetzung von M 2.15 behandelt werden, wobei die innen- und außenpolitischen Konflikte Benins erneut thematisiert werden. Sie können hier sowohl die Fragen der Verfassung wie die Ausnutzung des portugiesischen Militärpotenzials zur Expansion thematisieren. Am wichtigsten aber ist die Wahrnehmung und Interpretation der Rolle der Mutter *Oba* Esigies. Ihre ökonomische Stärke, ihre erheblichen militärischen Mittel und ihre Autorität haben offenbar eine ältere Basis. Sie sind Belege für die starke Position der Frauen auch und gerade in polygamen Großfamilien, in deren einzelnen Haushalten Frauen eine viel größere Selbstständigkeit besaßen als in der Mehrzahl der monogamen Familien Europas. Dass daraus eine verfassungsmäßige Innovation wird, die auch europäischen Beobachtern des 17. und 18. Jahrhunderts auffiel, belegt die Dynamik des Geschlechterverhältnisses in afrikanischen Kulturen. Dies ist zugleich ein Beleg dafür, dass Benin wie (wenn auch nicht immer in der gleichen Eindringlichkeit) die anderen Kulturen Afrikas eine Geschichte hat, die sich in mündlichen Traditionen, d. h. in geschichtlicher Überlieferung erhält.

2.5 – Benin und die Europäer

Methodisch bietet dieses Kapitel wenig Neues. Auch was die Fremdwahrnehmung angeht, sind die Anforderungen hier nicht mehr groß, sodass Sie hier praktisch das ganze Kapitel kursorisch lesen und als Ganzes auswerten lassen können. Einzelne Aufgaben können in Kurzreferate delegiert oder auch in einer Lehrerdarstellung behandelt werden. Zentraler Gegenstand ist die Entwicklung des europäischen Einflusses in Afrika und die Geschichte Benins unter den sich wandelnden weltwirtschaftlichen Bedingungen des 17. bis 19. Jahrhunderts. Zumindest der Arbeitsschritt 2.5 C sollte intensiv behandelt werden, damit sich der Kreis der Interpretation von Teil 2 schließt.

In Benin City war die Präsenz der Europäer bis zum Ende des 19. Jahrhunderts unmittelbar kaum spürbar. Das Klima im Regenwald war für sie kaum erträglich und die Lebensgefahr durch Infektionskrankheiten, gegen die die Einheimischen eine höhere Resistenz entwickelt hatten, überaus hoch. (Erst die Entdeckung der Wirksamkeit des Chinin gegen die Malaria um 1850 öffnete ihnen den Zugang zum Innern Afrikas.) Der Hafen von Ughoton lag über 60 km landeinwärts an einem schmalen Fluss voller Untiefen und konnte nicht mit Lagos konkurrieren. Vor allem aber bot Benin aus verschiedenen Gründen keinen Sklavenmarkt, der sich an Ergiebigkeit mit Bonny, Opobo oder Calabar auch nur entfernt messen konnte. Daher wird auch das Thema der Sklaverei nicht hier, sondern erst im Zusammenhang mit der Welt der Ibo intensiver behandelt.

Wichtig ist schon die Wahrnehmung, dass seit dem 17. Jahrhundert der von Europa ausgehende Welthandel eine tiefe Wirkung auf Westafrika ausübte. Die Folgen waren zunächst eine wirtschaftliche und politische Begünstigung der küstennahen Ethnien. Dort, wo die Sklaverei sich ausbreitete, änderten sich zudem auch die sozialen Strukturen. In dieser geschichtlichen Entwicklung waren die Afrikaner nicht nur Objekte, sondern auch Partner der Europäer, die eigene Interessen verfolgten und durchsetzten. Die Nähe zur Atlantikküste als Zone des weltwirtschaftlichen Austauschs bedeutete für Benin zugleich Risiken und Chancen. Seine Position an den alten Handelswegen ins Landesinnere war zunächst günstig. Die Geräte und Textilien, die es exportierte, und seine Transitgüter Salz, Fisch und Getreide konnten jetzt ergänzt werden durch neue europäische Metall- und Textilprodukte. Hier allerdings konkurrierte Benin mit anderen Gebieten und Ethnien, von denen einige über den Vorteil eines besseren Zugangs zum Atlantik verfügten.

Wenigstens gleichrangig mit den atlantischen Einflüssen waren für Benins Schicksal die politischen Faktoren, die im Innern Afrikas ihren Ursprung hatten. Da war vor allem die Dynamik der muslimischen Herrschaften in der Sahelzone, die die nördlichen Yoruba-Ethnien bedrängten, mit denen Benin vielfältige kulturelle und wirtschaftliche Beziehungen verbanden. Im 18. Jahrhundert befand sich Old Oyo, die jahrhundertealte Vormacht im Nigerbogen (Karte Z 6), im Niedergang, was zu endlosen Konflikten zwischen den Yoruba-Städten führte und schließlich dem islamischen Dschihad Osman dan Fodios kurz nach 1800 den Weg bereitete. Die mehrfachen Krisen Benins vom 17. bis zum 19. Jahrhundert und am Ende der Konflikt mit der neuen Kolonialmacht Großbritannien von 1897 mit der Folge des Verlusts der Eigenständigkeit sind in der Fachliteratur lange als ein einziger langer Niedergang gesehen worden. Das ist so nicht zutreffend, denn alle Gesellschaften gehen durch Krisenzeiten, ohne dass man diese zu einer ganzen Epoche des historischen Abstiegs verbinden dürfte. Was im Folgenden als drei Arbeitsschritte differenziert wird, kann natürlich unter einer einzigen Aufgabe zusammengefasst werden: Die Schüler verfassen eine knappe Darstellung der zwischenstaatlichen Verhältnisse und des weltmarktorientierten Handels in Westafrika. Der Reiz dieser Aufgabe liegt darin, den Leser so deutlich wie möglich zu überraschen.

2.5 A – Benin und Portugal: Partner und Konkurrenten
Darstellung S. 49-52, Materialien M 2.16-2.20
Eröffnen Sie – vielleicht in der Endphase einer Unterrichtsstunde – die Untersuchung mit einer Darstellung dessen, was die Schüler aus ihrem allgemeinen Wissen und aus dem Unterricht in der Sekundarstufe I hinsichtlich des Verhältnisses zwischen den europäischen „Entdeckern" und den Afrikanern mitbringen; es wird trotz des voraufgegangenen Unterrichts doch von der Erwartung einer europäischen Überlegenheit geprägt sein. Die Aufgabe für die folgende Stunde könnte dann die Bearbeitung von Darstellung und Materialien S. 49-52 unter der Frageperspektive sein, inwieweit sich hier zwei Mächte gleichrangig gegenüberstanden, die zugleich zu Zusammenarbeit und Konkurrenz gezwungen waren. Der Hinweis auf die portugiesische Tendenz, in Afrika politische Partner zu suchen und afrikanische Herrscher wie christlich-europäische Fürsten zu behandeln, verstärkt den Eindruck quasi europäischer zwischenstaatlicher Verhältnisse.

2.5 B – Benin und die Niederländer: die Verbindung zum Welthandel
Darstellung S. 52-54, Materialien M 2.21 und – rückgreifend – M 2.8
Die Niederländer sahen ihr Engagement in Afrika allein unter wirtschaftlichen Gesichtspunkten; kein staatlicher Amtsträger trat in Afrika auf und den Kaufleuten waren die afrikanischen Herrscher allenfalls wichtig, wenn sie Kreditforderungen an deren Untertanen durchzusetzen hatten. Allerdings intensivierten sie den Handel auch und gerade in Afrika selbst, indem sie das Angebot an für Afrikaner wichtigen Waren erweiterten. Hier wird man eher beiläufig auf die Bedeutung des Sklavenmarkts hinweisen, selbst wenn dies im Zusammenhang mit Benin zunächst nicht erörtert wird.

2.5 C – Benin und die Briten: der Kampf um die Souveränität
Darstellung S. 54 f., Abb. S. 54 und M 2.23
Aufgabe: S. 55
1. Der letzte Abschnitt der wirtschafts- und politikgeschichtlichen Darstellung ist schnell bewältigt und findet seinen Platz in Fortsetzung der beiden voraufgegangenen Arbeitschritte.
2. Interessant ist hier die Frage, inwieweit es berechtigt ist, die Entwicklung Benins als Niedergang zu bezeichnen und aus der afrikanischen Gesellschaft selbst zu erklären. Selbst wenn Sie hier nicht mehr genug Zeit haben, um das im Detail zu bearbeiten, sollten Sie doch zumindest in Ihrer eigenen Darstellung betonen, dass nicht einmal angesichts der europäischen Machtentfaltung in Westafrika um die Mitte des 19. Jahrhunderts ein unausweichlicher Weg in die Katastrophe erkennbar war.
3. Text M 2.23 erlaubt Ihnen, einen großen Bogen zu schlagen oder abzuschließen: Sie kehren zu der Darstellung der Eroberung Benins durch die britische Expeditionstruppe 1897 zurück und stellen der britischen Sicht die afrikanische gegenüber. Die Schüler können dies auf der Basis auch und gerade ihrer neu erworbenen Kenntnisse über die afrikanische Religiosität in Form einer Erwiderung auf die europäische Perspektive tun und ohne eine Verharmlosung der Menschenopfer doch für mehr Verständnis für die afrikanische Seite plädieren. Wir kommen damit sowohl zu einer ethisch-rechtlichen Wertung der Verhaltensmuster der beiden Konfliktparteien als auch zu einer Analyse der politischen und ökonomischen Systemunterschiede zwischen Afrika und Europa um 1900. Wie detailliert man das tut, hängt davon ab, wie viel Zeit man für das ganze Projekt verwendet und ob man in den Teilen 3 und 4 diesen Konflikt der Kulturen noch intensiver behandeln will.

Teil 3 – Die Welt der Ibo

Die Ibo und die Edo sind ethnisch und kulturell recht eng miteinander verwandt, sie sprechen Dialekte zweier Kwa-Sprachen. Sprachgeschichtlich trennten sich die beiden Dialektgruppen vor etwa 2500 Jahren und Sprecher der beiden Sprachgruppen können sich nicht direkt verständigen. Gemeinsame Herkunft und fortdauernde Nachbarschaft sichern einerseits deutliche materielle, kulturelle und kultische Gemeinsamkeiten zwischen den beiden Ethnien, vor deren Hintergrund die deutlichen Gegensätze einen differenzierten Vergleich erlauben und die Geschichtlichkeit afrikanischer Kulturen sichtbar machen.

3.1 – Die Ibo-Gemeinden: herrschaftsfreie Gesellschaften?

Das, was man als die Welt der Ibo zu bezeichnen sich angewöhnt hat, kannte im 18. und 19. Jahrhundert kaum institutionelle Herrschaft im europäischen Sinn. Die politischen Einheiten waren klein, Gemeinden von einigen tausend Menschen, die aus einer Anzahl Dörfern bestanden, wobei die Dörfer in aller Regel wichtiger waren als das Zentrum und in sich selbst wiederum nach der Abstammung der Familien gegliedert waren. Europäische Anarchisten im frühen 20. Jahrhundert sahen darin eine herrschaftsfreie Ordnung und nahmen sie als ein Beispiel dafür, dass eine anarchische Gesellschaft funktionieren kann, eine Sicht der Dinge, die der Prüfung bedarf.

Die Ethnologie spricht hier von **segmentären Gesellschaften**, da die soziale Gliederung und die Ordnung von Herrschaft primär nach der Abstammung geregelt sind. Es treten gleichrangige Großfamilien zusammen (wie die Segmente einer Orange) und es gibt keine vertikale Ordnung nach Schichten und keine hierarchische oder auch nur formale Herrschaft. In politischer Hinsicht wird auch der Terminus der akephalen Gesellschaften benutzt (griech. *κεφάλή* – Kopf).

In dem Modell einer Gesellschaft ohne institutionelle Herrschaft steckt eine weit reichende didaktische Möglichkeit: Wir können hier über die Thematik Afrika hinaus unsere europäischen Vorstellungen von Staatlichkeit reflektierbar machen. Man sollte aber Vorsicht walten lassen und nicht einfach von Herrschaftslosigkeit sprechen: Die Rolle der Ahnengeister (*egwugwu*) hat zunächst nichts „Verfassungsmäßiges“ an sich, auch nicht in dem Sinne, wie wir es in Benin interpretiert haben, weil Ahnengeister im afrikanischen Verständnis keine Menschen sind. Man muss aber bedenken, dass das, was wie eine herrschaftsfreie Ordnung aussieht, in Wirklichkeit doch von ausgewählten Personen gehandhabt wird. Die Ahnengeister werden von einem Geheimbund älterer, durch Lebenserfolg ausgewiesener Männer mit hoher Autorität verkörpert. Ihre Handhabung der Regeln und Gesetze kann auch als eine besonders rigide Form von Herrschaft verstanden werden, die gerade durch ihre Verborgenheit und ihren sakralen Charakter als eine unangreifbare Oligarchie funktioniert. Diesen Gedanken können Sie in der abschließenden Diskussion (S. 93) aufgreifen, um europäische und afrikanische Ordnungsvorstellungen wirksam gegenüberstellen zu können.

3.1 A – Hemmungslose Gewalt?
Methodik: Arbeit mit einem afrikanischen historischen Roman
Darstellung S.57-59, M 3.1

1. Wie bei Teil 2 des Arbeitsbuchs werden die Schüler auch hier mit einer Darstellung von Gewalt konfrontiert, die ihnen fremd vorkommt. (Der Text M 3.1 kann als Teil einer Hausaufgabe gelesen werden.) Das Vorurteil, das einem Europäer eine Erklärung des Geschehens verspricht, wird allerdings schneller als im ersten Fall korrigiert. Offenbar ist das Ziel der Abgesandten von Umuofia nicht Rache (und schon gar nicht eine Affekthandlung), sondern eine rituelle Wiederherstellung des Rechtsfriedens und die materielle Kompensation des Schadens. Die Gewalt bleibt Drohung für den Fall, dass das andere Dorf seine Pflichtschuldigkeit nicht anerkennt. Hinter dem Handeln von Personen wird eine Rechtsordnung sichtbar, allerdings eine uns fremde. Die Androhung der Vergeltung ist bei den Ibo Recht, auch wenn sie im Gegensatz zu modernen europäischen Prinzipien der formalen Rechtssicherung durch den Staat mit seinem Gewaltmonopol steht.
2. Man sollte die Schüler wenigstens in einer Rahmeninformation in Kenntnis setzen, dass das hier dargestellte Verfahren, sich durch angedrohte Vergeltung Recht zu verschaffen, nicht spezifisch afrikanisch ist, sondern auch im vormodernen Europa üblich war. Die Fehde war nichts anderes als eine solche eigenmächtige Rechtshilfe, die allerdings dem Adel vorbehalten war. (Feme und vielleicht auch die Ursprünge der Blutrache waren es nur bedingt.) Der neuzeitliche Staat in Europa hat diese Vergeltung in jahrhundertelangen Kämpfen verdrängt. Im Völkerrecht allerdings ist dieses Prinzip bis heute in erheblichem Umfang gültig geblieben. Im Zeitalter des Ost-West-Konflikts sicherte zwischen den atomar gerüsteten Weltmächten vor allem die Androhung der Vergeltung *(retaliation)* den internationalen Rechtsfrieden, aber auch der heutige Alltag von Handelskriegen, etwa zwischen der Europäischen Union und den USA, ist von einer zum Glück unblutigen Vergeltung und Gegenvergeltung durch Zollsanktionen und Gegensanktionen bestimmt.

Wenn es die zumeist gleichrangigen genealogischen „Segmente“ der Familien sind, aus denen sich die Gemeinden der Ibo zusammensetzen, in den Familien und zwischen den Geschlechtern aber keine unbedingte Gleichheit herrscht, wird man in den Familien nach Strukturen suchen, die ihre Wirkung bis auf die Ebene des Dorfs oder gar der Gemeinde haben. Das macht es für unsere Zwecke fruchtbar, die Biografie des Helden von Achebes Roman, Okonkwo, näher zu betrachten.

3.1 B – Autorität und Macht des Familienoberhaupts
Darstellung S. 60-62, M 3.2 und Begriffserklärungen S. 60 und 61

Die im voraufgegangenen Arbeitsschritt eingeleitete Suche nach einer Ordnung unter „den Ibo“ wendet sich zunächst einmal der Familie zu: Wer ragt – und sei es nur in der Familie – aus einer denkbaren Gleichheit aller Männer und Frauen hervor? Es ist stets ein Familienvater, der dank seiner Geschlechterrolle einen Vorrang gegenüber seinen Frauen und Kindern besitzt und sich vor anderen Familienvätern durch seine persönliche Tüchtigkeit auszeichnet. Seine Freiheit wird eingegrenzt durch strenge soziale und kultische Regeln. Wir haben damit ein Grundmuster aller Ordnung in den Ibo-Gemeinden, ein System abgestufter, aber durch vielfältige Ordnungen eingehegter Befugnisse, die aus individueller Leistung entspringen. Gegenüber den Geboten der Erdgöttin *Ala,* wie sie Priester und Priesterin verkündigen, gibt es für Okonkwo kein Verhandeln und kein Zögern – er gehorcht. Zugleich ist für die Menschen in Umuofia selbstverständlich, dass sie in einer Wettbewerbsgesellschaft leben, in der das Prinzip des Erfolgs wenig Raum für Mitgefühl lässt. (Okonkwos Sohn Nwoje verkörpert den traurigen Fall des Misserfolgs.) Es ist kein Zufall, dass es Okonkwo ist, der die Vergeltungsbotschaft seines Dorfes überbringt. Seine gefürchtete physische Stärke ist dabei von untergeordneter Bedeutung gegenüber dem Ansehen in der Gemeinde, das auf seiner Leistung als Landwirt, Familienoberhaupt und Mitbürger beruht.

Es ist denkbar, dass die Schüler in diesem Zusammenhang auf die Polygamie zu sprechen kommen, ein Thema, das bei Europäern gewöhnlich falsch verstanden wird. Man kann bei der Beschreibung des *obi,* des Wohngehöfts, erklären, dass wir es hier nicht mit einem Harem zu tun haben, sondern mit einem Großhaushalt mit mehreren Teilfamilien (im Falle Okonkwos drei), die überwiegend jede für sich unter der Leitung der Frau wirtschaften. Beherrschend ist der Aspekt der kollektiven Existenzsicherung; der tüchtige Mann wird dabei bevorzugt, trägt aber größere Verantwortung. Ein Teil der Männer hat keinen eigenen Haushalt. In diesem Zusammenhang müssen Sie ebenso wie bei der Betrachtung der Geschlechterrollen in Kapitel 3.2 bei Ihren Schülern ausgeprägte Klischees über afrikanische Sexualität voraussetzen; man wird dem dauerhaft entgegenwirken, indem man ein differenziertes Bild von der Rolle der afrikanischen Frauen aufbaut, wofür sich gerade die sehr souveränen und energischen Ibo-Frauen vorzüglich eignen.

3.1 C – Ruhe und Ordnung als Problem britischer Kolonialverwaltung
M 3.3
Aufgabe: S. 62

Der britische *District officer,* der für den Rechtsfrieden in seinem Amtsbereich verantwortlich war, verkörpert das europäische Problem, die afrikanische Wirklichkeit zu verstehen. Wie konnte er überhaupt erkennen, dass im Rechtsstreit zwischen Umuofia und Mbaino Recht und Ordnung gesichert waren? Konnte er darauf verzichten, auf einen derartigen Vorgang Einfluss zu nehmen, bei dem aus der Sicht des europäischen Rechtsdenkens Unrecht mit Unrecht vergolten wurde? Die Kolonialbehörde als Staatsgewalt beanspruchte die Definition des Verbrechens und zumindest die extremen Sanktionsmittel wie die Todesstrafe. Unter diesem Gesichtspunkt ist M 3.3 am besten im Unterricht zu lesen und mit der Aufgabe S. 62 zu bearbeiten. Das Problem lässt sich auf die Frage zuspitzen, was es bedeutet, wenn ein *District Officer* in einem solchen Fall die traditionelle Vergeltung mit Polizeigewalt verhindert, um in dem Streit im Namen des britischen Königs zu ermitteln und zu richten.

In der folgenden Unterrichtsphase spielen Masken eine große Rolle. Dabei machen uns zwei Probleme die Arbeit schwer. Zum einen sind die afrikanischen Masken nur die bruchstückhaften Reste eines komplizierten Geschehens, nämlich eines Festes, das Stunden, ja sogar Tage dauern kann und Musik, Tanz, Darstellung und religiöses Ritual enthält. Die ästhetische Repräsentation afrikanischer Kunst in Museen und Büchern trägt ein Übriges zur Isolation der Masken von der kulturellen Wirklichkeit bei. Man kann das als Lehrer nur durch lebhafte Erzählung zu kompensieren suchen. Selten nur kann ein Fernsehfilm einem hier eine Hilfe bieten. (Zur Kultur der Dogon gab es einmal eine faszinierende mehrteilige Serie.) – Das zweite Problem besteht in der Schwierigkeit, afrikanische Masken zu verstehen. Schüler assoziieren damit zunächst Kinderspiele oder Karneval. Hier können uns Film und Fernsehen Hilfe bieten: Die Darstellung des Fremden und besonders des Bedrohlichen in Science-Fiction- und Horrorfilmen geschieht im weitesten Sinne durch die Maske: Fremdheit, Stärke, Drohung, Grausamkeit etc. werden durch Zeichen signalisiert, die sich semantisch analysieren lassen, eine Methode, die wir auf Afrika übertragen können.

3.1. D – Die Verbindlichkeit der Gesetze und Regeln
Darstellung S. 63-67, Farbtafeln S. 65-68 (*Ijele*-Maske)
Einführung in die Methode: Interpretation afrikanischer Bilder, Masken und Kostüme im Zusammenhang von Festen S. 64

1. *Rules, not rulers* als Ordnungsgrundsatz setzt voraus, dass die Regeln außerordentlich stark verinnerlicht sein müssen, damit Regelbrüche selten bleiben und beherrschbar sind. Basis dafür ist ein Kosmos heiliger Kräfte, der mit dem der Edo weitgehend identisch ist (vgl. S. 40) und der sich kontinuierlich vom (untätigen) obersten Gott bis zu den Geistern der Ahnen und der jüngst verstorbenen Angehörigen erstreckt. Wie diese Geister direkt in das dörfliche Geschehen eingreifen, wird in 3.1 D dargestellt. Zuvor muss gezeigt werden, wie das richtige Verhalten der Menschen im Normalfall gesichert wird. Das geschieht einerseits durch die Initiationsriten und das daraus hervorgehende Wirken der Altersgruppen (die gemeinsam initiierten Personen), die sich gegenseitig zu helfen und zu schützen haben. Es genügt, dies im Unterricht als Rahmen zu nennen oder ein Schema der Zugehörigkeiten und Kontrollen fertig vorzugeben.

Lebensalter	*Maskenbeispiele*	*Stärke, Autorität*	***Altersgruppen***
Kinder	(spielerische Verkleidungen)	magisch wirkungslos	

Zwischen Kindheit und Jugend liegt die Initiation;
durch sie wird der Mensch magisch selbstbestimmt.

junge Erwachsene	Mädchengeist	begrenzt	Menschen, die gemeinsam durch die Initiation gingen
Familienväter	*Ogbodo Enyi*	stark	
Greise	*Mgebedike*	bedrohlich	

Auch die Schritte zum Familienvater und zum Greis verändern den magischen Charakter des Menschen.

Das Leben der Menschen in den Ibo-Gemeinden entwickelt sich nicht in erster Linie kontinuierlich, sondern gliedert sich durch markante rituelle Übergänge von einem magischen Zustand in den anderen. Geburt und Tod sind nicht primär biologische, sondern vor allem magische Ereignisse, die sich in Ritualen vollziehen. Das Aussetzen von Zwillingen vor dem Aufnahmeritual ist kein Mord; das Ablegen der Leiche eines toten Übeltäters im „bösen Wald“ verweigert diesem den Tod, d. h. den Übergang in die Gestalt eines Geistes. Das ist für moderne Europäer schwer verständlich, obwohl die frühe Geschichte Europas die gleiche magische Denkweise kannte: Im antiken Rom wurde jedes Neugeborene dem *pater familias* buchstäblich vor die Füße gelegt; nur wenn es gesund und frei von „bösen“ Zeichen (z. B. auffälligen Muttermalen) war, wurde es in die Familie „aufgenommen“. (James Watson, einer der Begründer der Genetik und Nobelpreisträger, empfiehlt dieses Verfahren auch für das 21. Jahrhundert; Genetiker und Ärzte übernähmen damit eine Macht über Leben und Tod, die in Afrika nur der priesterlichen Autorität zustand.)

2. Im Mittelpunkt dieses Arbeitsschritts steht die Untersuchung, wie die Autorität der Ahnengeister im Dorf wirksam wird. Neben der Gegenwart der Geister in Schreinen und menschlichen Verkörperungen (S. 63) und in vielfältigen täglichen Ritualen stellen die großen Feste der Geister und Gottheiten die Ordnung der Welt dar. Wir Europäer kennen davon gewöhnlich nur die Überbleibsel, die Requisiten und Masken, die Museen ausstellen und Bücher abbilden.

Lassen Sie die Darstellung S. 63 und 64 als Hausaufgabe vorbereiten und beschreiben Sie zu Beginn des Unterrichts so fantasievoll wie möglich das Fest des Mädchengeists in seinen Formen und seiner Dauer. Dann werden die Masken S. 65 und das Bild des Umzugs auf S. 66 interpretiert. Das kann dadurch geschehen, dass eine Schülerin die Rolle eines gerade initiierten Mädchens aus Umuofia übernimmt, das ja an dem Zeremoniell zunächst nur als Zuschauerin der männlichen Maskentänzer teilnimmt, oder dass ein Schüler einen Touristen spielt, dem das Gesehene in einem Frage-Antwort-Spiel in Worte übersetzt wird: „Was siehst du da - ein Mädchen, eine Maske, einen Geist?“ „Was sagt der Ahnengeist den Mädchen?“

Es ist wichtig, dass die Schüler hier die differenzierte Zeichensprache einer afrikanischen Religion wahrnehmen und nicht mit einfachen Gleichsetzungen von Maske und Geist arbeiten.

3. Anhand des Texts und der Abbildungen auf S. 66 und 67 wird – angelehnt an das oben dargestellte Schema der Lebensalter – das System der Ahnengeister und der durch sie vermittelten Regeln vervollständigt. Es ist wichtig, dass Sie beim Sprachgebrauch darauf achten, dass die Ahnengeister nicht als moralische Tugendwächter verstanden werden, sondern als Wesen von großer, bei den *mgbedike* Furcht erregender Macht, die ihren Willen mit Gewalt durchsetzen, wenn die Menschen nicht gehorsam sind.

4. Der darstellende Text verweist wiederholt auf europäische Traditionen, in denen bis ins 20. Jahrhundert und unberührt vom Christentum Geister Furcht und Schrecken verbreiteten: Auch hier ist Afrika nicht so fremd, wie man zunächst glauben mag: Man kann die Schüler dazu auffordern, europäischen Maskentraditionen (besonders alpenländischen) nachzugehen.

3.1 E – Die magische Macht der Frauen
Darstellung und Abbildung S. 68 f.
Dieses Thema kann hier behandelt werden, aber auch später im Zusammenhang mit der Darstellung der Frauenrolle bei den Ibo S. 78-80. Entscheidend ist, dass die eigene kultische Rolle und Stärke der Frauen sichtbar wird und ihre in ritueller Hinsicht relative Schwäche gegenüber den Männerrollen nicht als Naturgegebenheit verstanden wird, sondern als Phase eines historischen Prozesses, in dem die Kräfte immer wieder neu verteilt worden sind. (In den *Aba Riots* kann man in der Okkupation männlicher Symbole durch Frauen einen Gewinn an Macht sehen.) Das spiegelt sich auch in dem ständigen Wandel der kultischen Formen, dessen Intensität seit reichlich zwei Jahrhunderten von Europäern beobachtet wurde und reichlich belegt ist. Man kann das nicht nur als Verfall sehen, sondern auch als kreativen Prozess. Man kann diese Frage im folgenden Arbeitsschritt 3.1 E intensiver aufnehmen.

Bis zu diesem Punkt haben wir Afrika unbefragt aus der europäischen Perspektive betrachtet; wenn wir auf uns selbst zurückblickten, so war das immer nur eine Verständnishilfe. Jetzt aber wird es Zeit, Afrikas Blick auf die Europäer zu thematisieren. Damit folgen wir einem wissenschaftlichen Ansatz, der auf den 1933 aus Deutschland emigrierten Ethnologen Julius Lips zurückgeht. In seinem Buch *Der Weiße im Spiegel der Farbigen,* das 1937 zuerst in London und 1983 in Leipzig auf Deutsch erschien, wird zum ersten Mal der afrikanische Blick als gleichrangige künstlerische, intellektuelle und moralische Position anerkannt.

3.1 F – Afrika und Europa in wechselseitiger Darstellung
Darstellung und Abbildungen S. 70 f.
1. Die Geschichtlichkeit Afrikas zeigt sich auch und gerade in der Entwicklung der Kulte: Die Einheit und geschichtslose Unveränderlichkeit von „Stamm“ und Kult war lange eine feste europäische Vorstellung. Tatsächlich unterlagen Stilformen und selbst die spirituelle Bedeutung kultischer Objekte wohl immer dem historischen Wandel. Die Kunstwissenschaft hat in jüngster Zeit die Vorstellung von der Anonymität afrikanischer Kunst zur Diskussion gestellt und kann inzwischen bis ins frühe 19. Jahrhundert viele hundert Künstlerpersönlichkeiten nachweisen. Auch der spirituelle Wandel ist belegt: Kultische Objekte konnten durch Zufall oder bewusste Übertragung in andere Ethnien gelangen und wo sie sich als magisch stark erwiesen, wurden sie integriert. Das gilt auch für die Einflüsse, die im 20. Jahrhundert aus Europa kamen. Die Ausbreitung des Christentums und des Islams ist nicht nur als Zeichen der Schwäche eigener religiöser Traditionen und als Unterwerfung unter das Fremde zu sehen, sondern auch als ein intensiver Integrations- und Veränderungsprozess. Das Christentum wird von den Afrikanern verarbeitet und in einer Art verwandelt, die z. B. der Kurie in Rom nicht weniger Sorge als Freude bereitet. Der Kult der *Mamy Wata*, so trivial seine Anfänge mit einem Zirkusplakat aus Hamburg um 1900 auch sein mögen, hat eine Wirkung entfaltet, die die Wassergottheiten des unteren Nigergebiets nicht ausgelöscht, sondern auf eine schwer fassbare Weise aufgesogen und neu übersetzt hat. Man sollte wenigstens im Lehrervortrag das griechische Beispiele heranziehen, um die religiösen Verwandlungen von der vor-indoeuropäischen zur griechischen Kultur und von dieser in die christliche Epoche mit ihren tiefen Kontinuitäten vorzustellen.
2. Vor der Folie der Religionen, von der zuvor ein Ausschnitt geboten wurde, zeichnet sich deutlich die Originalität der afrikanischen Wahrnehmung Europas und der Europäer S. 71 ab.
3. Unbedingt sollten Sie Ihren Schülern die beiden Abbildungen S. 72 vorlegen. Picassos berühmtes, ja Epoche machendes Werk fügt sich in erster Linie in eine europäische kunsthistorische Perspektive ein und steht für den Bruch mit der klassischen Bildvorstellung, wie sie sich aus der Antike herleitet; Afrika ist hier nur ein Impuls. Das Bild Noldes in seiner scharfen Akzentuierung des europäischen Missionars dagegen zitiert Afrika, um die Fragwürdigkeit Europas zu karikieren und zu kritisieren: Dabei zitiert der Europäer den Afrikaner, weil es kein treffenderes Mittel des Ausdrucks gibt als die Transformation des afrikanischen Zeichens in das europäische Bild.

3.1 G – Schuld und Sühne bei den Ibo
M 3.4 - 3.5 und Definition S. 75
Aufgabe: S. 76 oben
1. Mit diesem Arbeitsschritt kehren wir zum Ausgangspunkt des Themas zurück: Es geht jetzt nicht mehr nur um den Rechtsfrieden zwischen zwei Dörfern, sondern um den einzelnen Menschen. Wenn Sie die Tat Okonkwos und die Reaktion „des Rechts“ in Umuofia untersuchen, ist vor allem zu prüfen, ob der Geschädigte sich persönlich an dem Täter rächt oder ob das Recht den Charakter einer gesellschaftlichen Ordnung hat. Tatsächlich trennen die Ibo das allgemeine Rechtsgut (die Sicherung der körperlichen Unversehrtheit) und die Sanktion von den Personen der Opfer, des Täters und derer, die die Strafe ausführen. Um das sichtbar zu machen, wird man die Schüler auf das anscheinend widersprüchliche Verhalten Obierikas, des alten Freundes Okonkwos, lenken.
2. Die Differenzierung des Schuldbegriffs und des Komplexes von Strafe und Sühne wird man allein schon aus Gründen der Motivation erst an zweiter Stelle behandeln.

3.1 H – Anarchie und Ordnung bei den Ibo
Quelle M 3.6
Aufgabe: S. 76 unten
Mit der Frage nach dem Begriff Herrschaft schließen wir den politischen Fragenkomplex ab. Die Fragestellungen des Arbeitsbuchs sind hier zureichend differenziert, sodass die Schüler in Kleingruppen eine Darstellung erarbeiten können, die sich zugleich auf den europäischen Staatsbegriff (personifiziert in den englischen Kolonialbeamten) und die afrikanische Alternative des Benin-Reichs bezieht. Im Hinblick auf die Konflikte mit der britischen Staatsmacht kann man hier bereits das Konfliktpotenzial herausarbeiten, indem man die Frage nach den Folgen stellt, wenn die Kolonialmacht den alten Verhältnissen „die Maske herunterreißen“ und ihre eigenen Vorstellungen von Herrschaft und Rechtssicherung oktroyieren wird.

3.2 – „Die Ibo“

Wir haben schon viel erreicht, wenn unsere Schüler erkennen, dass auch dort, wo in den Gemeinden der Ibo nichts mit europäischer Staatlichkeit Vergleichbares existiert und es selbst zwischen den Dörfern zum Krieg kommt, eine differenzierte Ordnung herrscht, die sich eindeutig über Chaos und Willkür erhebt. Diese Eigenart der kleinräumigen Welt der Ibo mag manchen unter dem Gesichtswinkel heutiger globaler Denkmuster fast belanglos erscheinen. Tatsächlich aber ist die Ordnung zwischen Ibo-Gemeinden ein Phänomen, das zur Entwicklung anthropologischer Fantasie beitragen kann. Dass es Rechtsfrieden ohne Herrschaftsstrukturen und ohne Staatsgewalt gibt, ist auch in der Welt des 21. Jahrhunderts, die noch lange mit Konflikten zwischen souveränen Staaten wird leben müssen, nützlich zu erfahren und dringend zu reflektieren.

Der Komplex nicht oder kaum institutionalisierter Ordnungen verbindet sich auf höchst eigentümliche Weise mit dem Aspekt der Geschlechtergeschichte. Die strenge Beachtung der Exogamie, des Verbots von Heiraten innerhalb eines Dorfs und der „Ausheiratung“ der Frauen in andere Dörfer und Gemeinden, schuf ein Netzwerk von Verwandtschaftsbeziehungen, dessen Wichtigkeit und Wirksamkeit sich im Schicksal des Okonkwo zeigt, als er ins Exil fliehen muss. Es ist von großer politischer Bedeutung für die Ibo-Gemeinden, dass die Frauen wie die Männer lebenslänglich intensiv in ihren Altersgruppen (der altersgleichen Gruppe, die gemeinsam durch die Initiation gegangen ist) verankert bleiben. Alle Angehörigen sind füreinander zu Hilfe und moralischem Beistand verpflichtet, wozu häufige gegenseitige Besuche dienen. Da jedes Dorf durch seine Töchter mit vielen Gemeinden verbunden ist, entsteht durch die Frauen ein dichtes Beziehungsnetz mit Kommunikationswegen, die gerade in Krisen und Konflikten von entscheidender Bedeutung sind.

3.2 A – Die Rolle der Frau in den Ibo-Gemeinden
Darstellung S. 77-79, M 3.7-3.8, Farbtafeln S. 65 und 68
Aufgabe: S. 79 f.
1. Text M 3.6, in häuslicher Vorbereitung gelesen, erlaubt eine erste Definition der Bedeutung der Frauen – genauer gesagt der mütterlichen Herkunft – auch für die starken Männer eines Ibo-Dorfs. Zusammen mit der Darstellung S. 77 und 78 und im Rückgriff auf die Bedeutung des Rituals des *maiden spirit* lässt sich dann das Netz der Beziehungen zwischen den Dörfern darstellen.
2. Sie können nun eine Skizze von einer Punktmenge anfertigen lassen, die eine Anzahl von Dörfern darstellt, von denen jedes um sich in einem Kreis von gut 20 Kilometern Radius Heiratsbeziehungen unterhält. Daraus ergeben sich Beziehungen vom „westlichsten“ Bezugsort des äußersten linken bis zum „östlichsten“ Bezugsort des äußersten rechten Punktes, die ein Vielfaches des Durchmessers von 40 bis 50 Kilometern abdecken. Aus den Verwandtschaften entwickeln sich proto-politische Beziehungen, wie sie z. B. in den 1890er-Jahren in den *ekumeku*-Geheimbünden gegen die Briten Gestalt annahmen.
3. Mit der Bearbeitung von M 3.8 wird man sich dann dem grundlegenden anthropologischen Problem des Geschlechterverhältnisses nähern: War schon zuvor im Ritual des *maiden spirit* die Bedeutung nicht nur der individuellen Mütter, sondern der Frauen schlechthin deutlich hervorgetreten, so bietet sich nun das Interpretationsmuster eines langfristigen, mithin historischen Kampfs zwischen Männern und Frauen um die magischen Kräfte an.

3.2 B – Kultische Verbindungen zwischen Ibo-Gemeinden
Darstellung S. 80 f.
Aufgabe: S. 80
(Dieser Unterrichtsschritt kann mit dem voraufgehenden 3.2 A zu einem einzigen verbunden werden; in diesem Falle wird man zunächst den Aspekt der Verbindungen zwischen den Gemeinden abschließend bearbeiten, bevor man die Bedeutung der Frauen in diesem Zusammenhang klärt.)
1. Lassen Sie in einer Hausarbeit die Darstellung S. 80 auswerten und die Ergebnisse eventuell in

die schematische Skizze der Heiratsbeziehungen eintragen – als andere Typen von Beziehungen (Orakel und Schmiede) in zwei anderen Farben.
2. Sie können nun ausführlich die Aufgabenstellungen auf S. 81 bearbeiten lassen, um den Begriff „Ibo" abschließend seinem Inhalt nach zu definieren.
3. Der Definitionsversuch führt direkt in das methodische Problem einer wissenschaftlichen Tradition in einer europäischen Sprache: Das zentrale intellektuelle Instrument des Begriffs gerät an die Grenze seiner Leistungsfähigkeit. Mit dem Begriff des Stamms als einer genealogisch, kultisch, kulturell und materiell definierbaren Einheit glaubten die Europäer ein organisierendes Prinzip gefunden zu haben, um alle politisch-sozialen Realitäten Afrikas zu ordnen: Die Grenzen dieses Ansatzes sind nun sichtbar. Man kann vor dem 20. Jahrhundert nicht von einer Identität der Ibo sprechen; die komplexe Wirklichkeit ihrer inneren Beziehungen kann nur beschreibend erfasst, nicht aber auf einen einfachen Begriff gebracht werden – erst recht nicht auf einen solchen, der in der europäischen Geschichte seine direkte Analogie findet.

3.3 – Die Geschichtlichkeit der Ibo

In den Kapiteln 3.1 und 3.2 hat sich bereits gezeigt, dass die Welt der Ibo-Gemeinden sowohl geistige und materielle Gemeinsamkeiten als auch deutliche Unterschiede aufweist. Diese sind nicht nur strukturell zu vergleichen, sondern müssen auch als Ergebnis historischer Prozesse, d. h. langfristiger irreversibler Veränderungen interpretiert werden. Diese Geschichte „der Ibo" ist schwer zu erfassen, da wir anders als etwa bei den Römern kein präzise definiertes Subjekt und auch keine differenzierte Chronologie haben. Wir können bei den einzelnen Materialien immer nur rudimentäre relative Chronologien – ein „Früher" gegen ein „Später" – erkennen, aus denen wir auf auf einen historischen Prozess schlussfolgern. Die Geschichte der Ibo ist vom 17. Jahrhundert aus in zwei Richtungen zu verfolgen – einerseits zurück in eine Vergangenheit vor dem Eingreifen der Europäer und andererseits nach vorn in den Prozess, in dem die Ibo passiv, aber auch aktiv einen Platz im Atlantikhandel Europas finden. Diese beiden Richtungen unserer Betrachtung sind dann zu einer einzigen Geschichte zu verknüpfen, wenn wir die Ibo nicht als willenlose Opfer der Europäer sehen wollen. Dieses Verfahren ist schwierig und erfordert im Unterricht eine eher enge Lehrerführung.

3.3 A – Die voreuropäische Geschichtlichkeit der Ibo-Gemeinden
Darstellung S. 81-82
Aufgabe: Darstellung eines groben Zeitrasters zur frühen Geschichte der Ibo-Ethnien
Unter Rückgriff auf die Ergebnisse aus Unterrichtsschritt 3.2 B sammeln die Schüler aus der Darstellung Indikatoren für langfristige Entwicklungen vor dem 16. Jahrhundert; sie stellen sie in einer einfachen schematischen Folge dar:

1. Jahrt. v. Chr.	Abspaltung von Ibo-Dialekten von älteren Stufen der Kwa-Sprachen; Entstehung eigener Kulturen am unteren Niger
um 1000 n. Chr.	Igbo-Ukwu-Kultur; Herrscher und hohe Entwicklung der künstlerischen Kultur
15. Jahrh. n. Chr.	Einflüsse aus Benin – Gründung von Kleinstaaten am Niger durch Edo-Adlige

3.3 B – Afrikas Partnerschaft mit Europa und die Sklaverei
Darstellung S. 83-88, M 3.9-3.12
Aufgabe: Die Einwirkung des Atlantikhandels auf die Ibo-Gemeinden
Schon im Zusammenhang mit dem Benin-Reich wurde gefragt, inwieweit die Afrikaner Objekt europäischer Politik waren und inwieweit sie nach eigenem Willen, eigenen Interessen und zumindest bis Ende des 19. Jahrhunderts mit eigenen Machtmitteln handelten.
1. Erinnern Sie die Schüler an das Verhältnis des Benin-Reichs zu den Europäern und stellen Sie die Frage nach den Rollen verschiedener Ibo-Gemeinden im Atlantikhandel, d. h. im Sklavenhandel. (Der Plural ist hier wichtig!) Unbestreitbar ist, dass keine andere Ethnie am Golf von Guinea eine größere Zahl von Opfern in diesem grausamen Geschäft aufzuweisen hat als die Ibo. Es kann aber zugleich kein Zweifel bestehen, dass bestimmte Ibo-Gemeinden dabei zugleich ein hohes Maß an Handlungs- und Wandlungsfähigkeit bewiesen haben. Sie haben als Sklavenjäger aktiv Geschichte gemacht. Es muss dabei immer wieder neu betont werden, dass das zunächst frei von moralischer Bewertung zu untersuchen ist: Wie hätte sich die Sklaverei entwickelt, hätten nicht verschiedene afrikanische Ethnien im unteren Nigergebiet aktiv ihren Gewinn darin gesucht, Afrikaner in ihre Gewalt zu bringen und an Europäer zu verkaufen?
Die Auswertung der Darstellung S. 83-85 erlaubt es, eine These von der Geschichte „der Ibo" seit dem 17. Jahrhundert zu formulieren: Die Sklavenjägergemeinden von Abeokuta und später die

„Handelshäuser" in den Creeks der Nigermündung konnten feste politische Strukturen, originelle ökonomische Lösungen und skrupellose Organisation von Gewalt entwickeln. Das kann man – wenn auch mit einem bedenklichen Unterton – als Belege für **eine** aktive, ja kreative historische Entwicklungslinie in der Welt der Ibo **neben anderen** sehen. Sie stellt eine von wahrscheinlich mehreren Verbindungen zwischen der voreuropäischen und der späteren Geschichte her.

2. Die interessante Gestalt Olaudah Equianos (M 3.9) verrät, wie rasch Afrikaner ein differenziertes Bild von der Wirklichkeit gewinnen konnten und wie geschmeidig ein so kluger Kopf wie Equiano in die europäische Debatte um den „Wilden" eintreten konnte.

3. Die Beendigung der Sklaverei durch Großbritannien ist gleichfalls ein Beispiel zweiseitiger europäisch-afrikanischer Politik; dafür sprechen die Verträge, aber auch die komplizierten Auseinandersetzungen um die neuen Palmölmärkte nach 1850. *King* Jaja of Opobo wird zwar am Ende von der britischen Staatsgewalt unter Bruch des Völkerrechts aus der Politik und dem Geschäft gezogen, doch der Anlass dazu war ja gerade die unabhängige, weiträumige Unternehmens- und Außenpolitik des Afrikaners. Die Darstellung S. 84-86 und die Quellen M 3.10 und 3.11 verraten, dass Männer wie *King* Jaja für ihre britischen Konkurrenten zu viel von Welthandel und Politik verstanden. Das Bild von Afrika als einer Idylle untätiger Wilder, das die Abbildungen S. 85 suggerieren, lässt sich aus dieser Perspektive gut als das enthüllen, was es war, nämlich ein bequemes europäisches Stereotyp, das die eigene Intervention in Afrika verschleierte oder legitimierte.

4. Die wirtschaftliche und missionarische Durchdringung des Gebiets am unteren Niger (S. 86 ff.) kann trotz der hässlichen Brutalität der *Niger Company* (zum Ergebnis vergleiche man auch M 3.12) gleichfalls als ein historischer Prozess interpretiert werden, in dem die Afrikaner verstanden, was ihnen zugemutet und was ihnen geboten wurde, und in dem sie ihre Optionen treffen konnten. Die Aufgabe S. 90, ein Brief an Margery Perham, eine kluge und sachkundige Adressatin, sollte wieder in Form eines auch stilistisch anspruchsvollen Textes gelöst werden.

3.3 C – Afrikanisches Christentum
Darstellung S. 86 f., Abb. S. 87, M 3.13
Aufgabe: Sammlung von Informationen zum afrikanischen Christentum

Ein afrikanisches Thema, dessen Aktualität in der Gegenwart ständig wächst, ist die Entwicklung des Christentums, das seit den 1980er-Jahren wachsende Zahlen neuer Anhänger gewinnt, inzwischen wahrscheinlich mehr als der Islam. Da liegt eine stille Erwartung nahe: Kommen Afrikaner und Europäer sich in diesem Prozess näher, ja werden die Afrikaner damit europäischer? Europäische Christen und besonders die katholische Kirche sehen das Wachsen der Kirchen und die Intensität afrikanischer Gläubigkeit mit Freude, empfinden aber zugleich Sorge über das Selbstbewusstsein, mit dem Afrikaner ihre eigenen, den europäischen Christen fremden Glaubenstraditionen in das Christentum einbringen. Sie müssen als Lehrer selbst entscheiden, ob und wie Sie das Christentum und sein Verhältnis zu der alten afrikanischen Religiosität thematisieren. Die Gestalt des nigerianischen Kardinals Azinke, der aus einer Ibo-Familie stammt und über den man im Jahre 2001 ein als denkbaren künftigen Papst spricht, kann hier einen interessanten Impuls geben.

Der ganze Teil 3 des Arbeitsbuchs lässt sich in den großen Bogen einspannen, den Chinua Achebe in der Gestalt und dem Schicksal des Mannes Okonkwo aus Umuofia gestaltet hat, und es gibt kaum eine bessere Möglichkeit, die verschiedenen Stränge unserer Betrachtung auf den Punkt zu bringen, an dem die Europäer das alte Afrika zu zerstören beginnen und die Afrikaner auf die kolonialen Herausforderungen mit neuen Verhaltensmustern reagieren, nachdem die alten Helden ihren tragischen Untergang gefunden haben.

3.3 D – Okonkwos Ende
Darstellung S. 91-93, M 3.14-3.16
Aufgabe: S. 93

1. Der letzte Arbeitsschritt läuft fast von selbst; die Schüler verfügen jetzt über so viele Kenntnisse und methodische Fähigkeiten, dass man ihnen eine größere Textpassage mit der Aufgabenstellung allein überlassen kann. Auch hier lohnt es sich zu überlegen, ob man nicht eine Gestaltungsaufgabe stellt, die beide Perspektiven, die afrikanische und die europäische, miteinander konfrontiert. In den jungen Afrikanern von heute ist beides gegenwärtig – Traditionen ihrer Herkunft und die neuen Denkmuster rationalen Denkens aus Europa. Vielleicht könnte man ein College in Umuofia einrichten und darüber streiten, ob man es nach Okonkwo benennen soll. War er ein tragischer Held oder nur ein blindwütiger Haudegen? War er ein Michael Kohlhaas?

2. Man wird in diesem Zusammenhang schon den nächsten Abschnitt des Arbeitsbuchs vorbereiten können. Mit dem Ausgreifen Großbritanniens auf das Innere Westafrikas wird aus einer ökonomischen und ansatzweise außenpolitischen Beziehung eine neue politisch-soziale Verbindung von viel größerer Intensität und mit großen Konfliktpotenzialen. Indem Großbritannien die Souveränität ergriff, war es unvermeidlich, dass es alle traditionellen Strukturen Afrikas zerstörte, die sich dem europäischen Denken und Handeln nicht unterordneten. Was aber würde an ihre Stelle treten?

Teil 4 – Nigeria: von der Kolonie zur Republik

Gruppenbildung

Die Entstehung Nigerias ist ein komplizierter Prozess, dessen Vielfalt und innere Widersprüche sich besonders gut in Gruppenarbeit und Rollenspiel darstellen lassen. Natürlich können Sie die meisten Aufgaben auch im geschlossenen Kursverband bearbeiten. Jedoch zeigen sich die Konflikte zwischen den Positionen und Interessen am kontrastreichsten in der Auseinandersetzung zwischen Rollenträgern. Am besten organisieren Sie diese Gruppenarbeit zu Beginn des vierten Teils.

Die komplizierten Verhältnisse erfordern viele Rollen. Das beginnt schon bei der britischen Kolonialverwaltung, die alles andere als eine harmonische Einheit bildete. Die Beamten vor Ort sahen die Dinge oft anders als die Zentrale und identifizierten sich häufig mit den Afrikanern, für die sie verantwortlich waren. Der Gouverneur vertrat ein Projekt Nigeria, das selbst vielen Briten zu fern war. Die afrikanische Seite ist natürlich noch schwieriger darzustellen. Sie muss einerseits nach ethnischen und andererseits nach sozialen und wirtschaftlichen Kriterien differenziert werden: Wir brauchen drei, besser noch vier ethnische Einheiten, die drei „staatstragenden" der drei Regionen Nigerias und eine weitere, die nicht in dieser Weise privilegiert ist. Die ethnischen Rollen repräsentieren nirgendwo eine Ethnie als Ganzes, bei den Haussa-Fulbe ist es ein einzelnes Emirat, bei den Yoruba eine Stadt und bei den Ibo eine Gemeinde; das „multiethnische" Calabar vertritt die kleinen politischen Einheiten, die nicht zu den großen Blöcken gehören.

Diese ethnischen Einheiten sind in sich nach drei oder vier Rollen zu differenzieren: Die alten Autoritäten, repräsentiert von *Chiefs* und Emiren, die breite Bevölkerung in den traditionellen Lebensformen, die marktorientierten Landwirte und Kleinunternehmer in ihren Ursprungsgemeinden und die Angehörigen der Ethnie, die nach Lagos und in andere moderne Städte ausgewandert sind.

Das folgende Schema enthält maximal 20 Rollen – 5 britische und 15 afrikanische, die abgesehen von der des Gouverneurs Gruppen repräsentieren. Jede Rolle muss auf zwei verschiedenen Bühnen gespielt werden – einer nigerianischen und einer örtlichen: Auf der nationalen Bühne – gewöhnlich in Lagos – sind die übergreifenden sozialen, wirtschaftlichen und politischen Interessen zu vertreten, die auf der Ebene der heimatliche Gemeinde oder Ethnie aufeinander treffen. Auf beiden Bühnen und zwischen ihnen werden Konflikte ausgetragen: Durch die moderne Wirtschaft mit ihren *cash crops* und mit der Anziehungskraft von Lagos, die bis in das einzelne Dorf wirkt, ist dessen traditionelle Ordnung infrage gestellt. Auf der Ebene der sozialen Rollen aber werden die Spannungen innerhalb des neuen Gebildes „Nigeria" sichtbar, die Anforderungen der politischen Einheit angesichts der großen Unterschiede der Voraussetzungen und Interessen ihrer über 400 Ethnien. Dieselbe Diskrepanz der Interessen erlebt jeder der britischen Beamten „vor Ort" in sich selbst.

Jeder Schüler erhält für die beiden „Dimensionen" seiner Rolle zwei Arbeitsblätter – eine Darstellung seiner ethnischen Zuordnung und eine seiner politisch-sozialen Position. Er muss abwechselnd auf zwei Bühnen spielen und in der einen Rolle stets die andere im Auge behalten: Wenn der *Oba* von Ondo mit den anderen traditionellen Autoritäten verhandelt, muss er zugleich den Interessen Benins gerecht werden, ohne sich in Widersprüche zu verwickeln. Bei den politisch-sozialen Rollen gibt es ein beabsichtigtes kleines Problem: Eine Herrscherrolle gibt es bei den „Ibo" nicht; der „Enkel Okonkwos" muss sich entscheiden, wo er hingeht – zu den Bauern oder zu den Autoritäten. (Sie können in das Formular die Namen der Schüler eintragen, dazu in der linken Spalte und der untersten Zeile die Gruppensprecher.)

Politisch-soziale Rollen:

• britische Beamte - Zentrale	Der Gouverneur in Lagos			
Beamte „vor Ort"	in Katsina	in Ondo	in Umuofia	in Calabar
• die afrikanischen Autoritäten	Sarki von Katsina	Oba	Ein *egwugwu*	*Chief*
• die traditionsgebundene Menschen	Haussa-Bauer	Ackerbürger		Kleinhändler
• die „modernen" Menschen	Erdnussfarmer	Kakaofarmer	Palmölhändlerin	Kaufmann im Hafen
• die Menschen, die nach Lagos gingen	Journalist	Hausbesitzer	Politiker	Handwerker
Dominierende Ethnien:	HAUSSA/FULBE	YORUBA	IBO	EFIK U. A.

Arbeitsblatt zur Geschichte Nigerias **ETHNISCHE ZUORDNUNG**

KATSINA (HAUSSA-FULBE)

Sie vertreten ein moslemisches Emirat im Norden Nigerias.
Der Herrscher trägt den Titel eines Sarki; ethnisch gehört er zu den Fulani, die die Oberschicht bilden.
Die Mehrheit der Bevölkerung besteht aus Haussa-Bauern.

Informieren Sie sich vor allem anhand der Darstellung S. 95-98 und M 4.1-4.4 über die soziale und politische Ordnung und die religiös-kulturelle Eigenart der Haussa-Fulbe-Emirate, ihre traditionelle Wirtschaft und die Einwirkungen der britischen Kolonialherrschaft (Erdnuss-Farmen, Eisenbahnen, Zuwanderung von Menschen aus anderen Ethnien). Sie vertreten ein Emirat, das relativ arm ist und im Gesamtzusammenhang Nigerias wenig wirtschaftliches Gewicht hat, politisch aber recht einflussreich ist. Die Bauern werden von den Emiren autoritär regiert und sind, soweit sie keine *cash crop* anbauen, mit Abgaben bis zur Grenze des Tragbaren belastet.

Seit den 1920er-Jahren verändern folgende Entwicklungen das Leben der Ethnie:
Die Möglichkeit, zum Anbau von Erdnüssen als *cash crop* überzugehen, bietet die Chance zu höheren Einkommen und zur Verfügung über Bargeld. Sie schafft zugleich Abhängigkeit von britischen Handelsfirmen (und damit vom Weltmarkt) und von Krediten, die vor allem von christlichen Kaufleuten aus dem Süden der Kolonie (Ibo) angeboten werden. Die Kolonialmacht schafft Stellen in der Verwaltung, bei Eisenbahn und Bergbau. Dafür muss man Englisch sprechen, lesen und schreiben können; es gibt aber nur wenige englische Schulen.

Innerhalb der Ethnie sind Interessen zu vertreten und Kompromisse zu suchen.
Welche Interessen gilt es innerhalb der eigenen Ethnie zwischen Herrscher, traditioneller Bauernbevölkerung und *cash-crop*-Farmern auszugleichen?
Überlegen Sie, ob und wie Sie mit dem Vertreter der Kolonialmacht zusammenarbeiten wollen!
Entscheiden Sie je nach Ihrer Rolle für sich selbst, ob Sie Ihre Interessen nicht vielleicht besser mit Angehörigen anderer Ethnien realisieren können, die in der gleichen sozialen Lage sind wie Sie!
Sie werden vielleicht in der eigenen Ethnie nicht einen Kompromiss um jeden Preis suchen.

Die Entscheidungen haben tief greifende Konsequenzen für das Leben.
Soll und kann man die neuen wirtschaftlichen Chancen ergreifen?
Was geschieht mit der traditionellen Lebensweise der Ethnie? Ist sie bedroht und soll man sie verteidigen? Soll man die Christen dulden und die Kinder in ihre Schulen schicken?
Soll man in die Städte gehen, etwa nach Lagos?
Wohin gehören wir in erster Linie - in unsere historischen Heimatorte oder dorthin, wo sich neue wirtschaftliche Existenzen bieten?
Was ist uns die *Region,* was ist für uns Nigeria?
Brauchen wir Parteien und Parlamente?
> Tendenziell verhalten Sie sich als Haussa-Fulbe konservativ; Lagos steht ihnen fern.

Arbeitsorganisation
Ihre Rolle erfordert die Zusammenarbeit mit anderen Rollen innerhalb Ihrer Gemeinde oder Ethnie. Markieren Sie Ihre Position, die Ihnen nach dem anderen Arbeitsblatt in Ihrer Ethnie zugewiesen wird, und notieren Sie die Namen Ihrer Mitschüler und Mitschülerinnen, die die anderen Rollen besetzen. Wählen Sie einen Sprecher für Ihre Gruppe und teilen Sie dies Ihrer Lehrerin bzw. Ihrem Lehrer mit!

Die sozialen und politischen Rollen in der Ethnie:

- *der Sarki als die alte Autorität der politischen Einheit*
- *ein Familienoberhaupt, das in der traditionellen Weise lebt und wirtschaftet*
- *ein moderner* cash-crop-*Farmer im alten Dorf*
- *ein Mensch, der aus der Heimat nach Lagos gegangen ist*
- *der britische* District Officer.

Arbeitsblatt zur Geschichte Nigerias **ETHNISCHE ZUORDNUNG**

ONDO (YORUBA)

Sie vertreten eine Yoruba-Gemeinde.
Die Bevölkerung ist ethnisch recht homogen und mehrheitlich bäuerlich, wohnt aber in einer Stadt mit Markt und Handwerk.
Der *Oba* wird von einem Gremium von Untertanen beraten.

Informieren Sie sich vor allem anhand der Darstellung S. 98 f. und 101 f. über die soziale und politische Ordnung und die religiös-kulturelle Eigenart der Yoruba-Städte. Beachten Sie dabei, dass sie neuen wirtschaftlichen Entwicklungen und kulturellen Einflüssen durchaus offen gegenüberstehen. Ondo stellt eine kleine politische Einheit dar, der aber als Teil der Yoruba-Welt im Gesamtzusammenhang Nigerias Gewicht zukommt.

Seit den 1920er-Jahren verändern folgende Entwicklungen das Leben der Gemeinde:
Die koloniale Hauptstadt mit Verwaltung, Industrie und Eisenbahnwerkstätten im kulturell und sprachlich nah verwandten Lagos schafft Stellen in Verwaltung, Handel, Kleinindustrie und Eisenbahn. Wer diese Chancen nutzen will, muss Englisch sprechen, lesen und schreiben können, wofür die Yoruba dank früher Zuwendung zum Christentum und vieler Missionsschulen besser vorbereitet sind als die meisten übrigen Nigerianer. Die Entwicklung der Landwirtschaft mit Kakao als *cash crop* wird von den Bauern bis in die 1960er-Jahre als positive Entwicklung mit wachsenden Einkommen und vermehrter Verfügung über Bargeld erlebt. Sie schafft neue Jobs und Chancen für Kleinunternehmer in Handel, Spedition und Handwerk. Dem stehen als Risiken die Abhängigkeit von britischen Handelsfirmen (und damit vom Weltmarkt) und von Kreditgebern gegenüber.

Innerhalb der Ethnie sind Interessen zu vertreten und Kompromisse zu suchen.
Welche Interessen gilt es innerhalb der eigenen Ethnie zwischen Herrscher, traditioneller Bauernbevölkerung und modernen Kakaofarmern auszugleichen?
Überlegen Sie, ob und wie Sie mit dem Vertreter der Kolonialmacht zusammenarbeiten wollen!
Entscheiden Sie je nach Ihrer Rolle für sich selbst, ob Sie Ihre Interessen nicht vielleicht besser mit Angehörigen anderer Ethnien realisieren können, die in der gleichen sozialen Lage sind wie Sie!
Sie werden vielleicht in der eigenen Ethnie nicht einen Kompromiss um jeden Preis suchen.

Die Entscheidungen haben tief greifende Konsequenzen für das Leben.
Soll man die neuen wirtschaftlichen Chancen möglichst nachhaltig ergreifen?
Was geschieht mit der traditionellen Lebensweise? Ist sie bedroht und soll man sie verteidigen?
Soll man die Christen dulden und die Kinder in ihre Schulen schicken?
Soll man in die Städte gehen, etwa nach Lagos?
Wohin gehören wir – in unsere historischen Heimatorte oder dorthin, wo sich neue wirtschaftliche Existenzen bieten?
Was ist uns die *Region,* was ist für uns Nigeria?
Brauchen wir Parteien und Parlamente?
>Tendenziell sind Sie für Veränderungen aufgeschlossen.

Arbeitsorganisation
Ihre Rolle erfordert die Zusammenarbeit mit anderen Rollen innerhalb Ihrer Gemeinde oder Ethnie. Markieren Sie Ihre Position, die Ihnen nach dem anderen Arbeitsblatt in Ihrer Ethnie zugewiesen wird, und notieren Sie die Namen Ihrer Mitschüler und Mitschülerinnen, die die anderen Rollen besetzen. Wählen Sie einen Sprecher für Ihre Gruppe und teilen Sie dies Ihrer Lehrerin bzw. Ihrem Lehrer mit!

Die sozialen und politischen Rollen in der Ethnie:

- *der* Oba *als die alte Autorität der politischen Einheit*
- *ein Familienoberhaupt, das in der traditionellen Weise lebt und wirtschaftet*
- *ein moderner Kakaofarmer im alten Dorf*
- *ein Mensch, der aus der Heimat nach Lagos gegangen ist*
- *der britische* District Officer.

Arbeitsblatt zur Geschichte Nigerias **ETHNISCHE ZUORDNUNG**

UMUOFIA (IBO)

Sie vertreten eine Gemeinde, wie Sie sie in Kapitel 3 aus Chinua Achebes Roman kennen gelernt haben. Sie ist bäuerlich, wobei vor allem die Frauen einen lebhaften Handel – auch über größere Distanzen – betreiben.
Herrscher gibt es nicht; *rules, not rulers* bestimmen die innere Ordnung, aber Sie gehören zu den Männern, die die *egwugwu* verkörpern.

Informieren Sie sich vor allem anhand des Kapitels 3 über die soziale und öffentliche Ordnung und die religiös- kulturelle Eigenart der Ibo-Gemeinden, ihre traditionelle Wirtschaft und die Auswirkungen der britischen Kolonialherrschaft .
Sie vertreten eigentlich nur eine einzige Gemeinde, die im Gesamtzusammenhang Nigerias so gut wie kein Gewicht hat. Es hat den Anschein, als ob Ibos zu einer institutionell und formalrechtlich geordneten Herrschaft und Verwaltung unfähig wären.

Seit dem späten 19. Jahrhundert verändert sich das Leben der Ethnie:
Die Möglichkeit zur Produktion von Pflanzenöl als *cash crop* für den britischen Markt vermehrte in begrenztem Umfang bei einem Teil der Bevölkerung Einkommen und Verfügung über Bargeld. Die Abhängigkeit von britischen Handelsfirmen und damit vom Weltmarkt erwies sich in der Tendenz als negativ: Die Preise der *cash crop* sanken dauerhaft, während die Ernährungsbasis des stark überbevölkerten Siedlungsgebiets der Ibo ungünstig blieb.
Die Kolonialmacht schuf in diesem Gebiet nur begrenzt Arbeitsmöglichkeiten in Verwaltung und Verkehr, öffnete den Ibo aber den Arbeitsmarkt der ganzen Kolonie. Traditionelle Werte und das Bildungsangebot der Missionsschulen qualifizierten sie für viele moderne Berufe und gehobene Positionen der Kolonialverwaltung.

Innerhalb der Ethnie sind Interessen zu vertreten und Kompromisse zu suchen.
Welche Interessen gilt es innerhalb der eigenen Ethnie zwischen den Menschen in traditionellen Lebensmustern, den Interessen des Handels (als Domäne der Frauen) und den zahlreichen Auswanderern auszugleichen?
Überlegen Sie, ob und wie Sie mit dem Vertreter der Kolonialmacht zusammenarbeiten wollen!
Entscheiden Sie je nach Ihrer Rolle für sich selbst, ob Sie Ihre Interessen nicht vielleicht besser mit Angehörigen anderer Ethnien realisieren können, die in der gleichen sozialen Lage sind wie Sie! Sie werden in der eigenen Ethnie vielleicht nicht einen Kompromiss um jeden Preis suchen.

Die Entscheidungen haben tief greifende Konsequenzen für das Leben.
Sollen und können Sie die neuen wirtschaftlichen Chancen ergreifen?
Was geschieht mit der traditionellen Lebensweise Ihrer Ethnie? Ist sie bedroht und soll man sie verteidigen? Soll man die Christen dulden und die Kinder in ihre Schulen schicken?
Soll man in die Städte gehen, etwa nach Lagos?
Wohin gehören wir – in unsere historischen Heimatorte oder dorthin, wo sich neue wirtschaftliche Existenzen bieten?
Was ist uns die *Region,* was ist für uns Nigeria?
Brauchen wir Parteien und Parlamente?
> Tendenziell stehen Sie dem Neuen offen gegenüber und neigen zu einem gewissen Überlegenheitsgefühl gegenüber anderen Nigerianern: Am liebsten nähmen Sie alles selbst in die Hand.

Arbeitsorganisation
Ihre Rolle erfordert die Zusammenarbeit mit anderen Rollen innerhalb Ihrer Gemeinde oder Ethnie. Markieren Sie Ihre Position, die Ihnen nach dem anderen Arbeitsblatt in Ihrer Ethnie zugewiesen wird, und notieren Sie die Namen Ihrer Mitschüler und Mitschülerinnen, die die anderen Rollen besetzen. Wählen Sie einen Sprecher für Ihre Gruppe und teilen Sie dies Ihrer Lehrerin bzw. Ihrem Lehrer mit!

Die sozialen und politischen Rollen in der Ethnie:

- *ein angesehener Bauer, der als Familienoberhaupt in der traditionellen Weise lebt und wirtschaftet und im Dorf Autorität genießt*
- *eine Frau, die als Händlerin auch mit modernen Importwaren aus England erfolgreich ist*
- *ein Mensch, der aus der Heimat nach Lagos gegangen ist*
- *der britische* District Officer.

Arbeitsblatt zur Geschichte Nigerias **ETHNISCHE ZUORDNUNG**

CALABAR

Sie vertreten die Hafenstadt Calabar im Mündungsgebiet des Niger.
Die Bevölkerung ist ethnisch stark gemischt, wobei „die Ibo“ dank ihres Durchsetzungsvermögens deutlich hervortreten, aber von den anderen eher als fremd empfunden werden.
Wirtschaftlich dominiert der Handel.

Informieren Sie sich vor allem anhand der Darstellung S. 83-87 über die soziale und politische Tradition des Nigerdeltas und der Hafenstadt Calabar an seinem Ostrand.
Sie vertreten eine kleine, aber relativ erfolgreiche politische und wirtschaftliche Einheit, die seit Jahrhunderten an das Miteinander von Ethnien und an die Kooperation mit Europäern zum beiderseitigen Nutzen gewöhnt ist. Calabar ist offen für Modernisierungen und europäische Einflüsse. Die unzureichende Ernährungsbasis macht Calabar stark von den benachbarten Ethnien abhängig.

Seit Ende des 19. Jahrhunderts veränderten folgende Entwicklungen das Leben Calabars:
Seine Rolle im Sklavenhandel hat Calabar große Erfahrungen mit dem Überseehandel gebracht, doch bedeutete die Umstrukturierung des Handels im 19. Jahrhundert eher Nachteile. Der Bau der Eisenbahn von Nordnigeria nach Port Harcourt in den 1920er-Jahren verschlechterte seine Lage weiter. Die wachsende wirtschaftliche und politische Dominanz der Ibo in der *Eastern Region* machte aus einer nachbarschaftlich-kooperativen Beziehung ein Machtverhältnis; die Calabari sehen sich wie die meisten kleinen und mittleren Ethnien als Opfer der drei „großen“ Ethnien Nigerias.

Innerhalb der Ethnie sind Interessen zu vertreten und Kompromisse zu suchen.
Welche Interessen gilt es innerhalb Calabars zwischen den Ethnien und im Verhältnis zu den Nachbarn auszugleichen?
Überlegen Sie, ob und wie Sie mit dem Vertreter der Kolonialmacht zusammenarbeiten wollen!
Entscheiden Sie je nach Ihrer Rolle für sich selbst, ob Sie Ihre Interessen nicht vielleicht besser mit Angehörigen anderer Ethnien realisieren können, die in der gleichen sozialen Lage sind wie Sie! Sie werden in der eigenen Ethnie vielleicht nicht einen Kompromiss um jeden Preis suchen.

Die Entscheidungen haben tief greifende Konsequenzen für das Leben.
Soll und kann man die neuen wirtschaftlichen Chancen ergreifen?
Was geschieht mit der traditionellen Lebensweise? Ist da etwas bedroht, das man verteidigen sollte? Soll man die Christen dulden und die Kinder in ihre Schulen schicken?
Soll man nach Lagos gehen?
Wohin gehört ein Calabari – in seinen historischen Heimatort oder dorthin, wo sich neue wirtschaftliche Existenzen bieten?
Was ist für Calabar die *Region,* was ist Nigeria?
Braucht es ein nigerianisches Parlament und Parteien?
> Ihre Rolle ist vor allem in politischen Fragen eine besonders wichtige; Sie vertreten alle Ethnien, die gegenüber den „großen“ Yoruba, Ibo und Haussa-Fulbe benachteiligt sind, aber gerade darum oft die „Vernunft“ einer gesamtnigerianischen Perspektive entwickeln.

Arbeitsorganisation
Ihre Rolle erfordert die Zusammenarbeit mit anderen Rollen innerhalb Ihrer Gemeinde oder Ethnie. Markieren Sie Ihre Position, die Ihnen nach dem anderen Arbeitsblatt in Ihrer Ethnie zugewiesen wird, und notieren Sie die Namen Ihrer Mitschüler und Mitschülerinnen, die die anderen Rollen besetzen. Wählen Sie einen Sprecher für Ihre Gruppe und teilen Sie dies Ihrer Lehrerin bzw. Ihrem Lehrer mit!

Die sozialen und politischen Rollen in der Ethnie:

- *der* Chief *als die alte Autorität der politischen Einheit*
- *ein Kleinhändler, der in der näheren Umgebung Lebensmittel (Trockenfisch, Yams, Palmöl), Textilien, Glasperlen etc. kauft und verkauft und sich mühsam über Wasser hält*
- *ein moderner Kaufmann im Hafen*
- *ein Mensch, der aus der Heimat nach Lagos gegangen ist*
- *der britische* District Officer.

Arbeitsblatt zur Sozialgeschichte Nigerias **SOZIALE ZUORDNUNG**

DIE AFRIKANISCHEN AUTORITÄTEN

Sie vertreten für Ihre Ethnie die historische Autorität, d. h. Sie sind Sarki, *Oba* oder *Chief.*
Sie sind aus Tradition Träger von Herrschaft und sehen sich weiter in der Verantwortung für Ihre Ethnie. Sie verkörpern als Träger alter magischer Kräfte auch die alte heilige Ordnung. Zugleich wissen Sie, dass die Zeiten und Probleme andere geworden sind. Sie sind überfordert und wissen, dass ihre Herrschaft in Frage gestellt wird.
(Im Falle von Umuofia sind Sie ohne Herrscheramt, eigentlich nur ein tüchtiger Bauer. Wenn Sie in diese Versammlung eintreten, sind Sie für die anderen ein Mann ohne Amt und Titel und für die Angehörigen Ihrer Gemeinde verdächtig.)

Informieren Sie sich vor allem anhand von Teil 2 des Arbeitsbuchs über die Rolle eines Oberhaupts. Das ist bei den Yoruba und in Calabar ähnlich wie in Benin; bei den Haussa-Fulbe ist die Stellung der Emire gegenüber den Beratungsgremien stärker. Die Situation eines Vertreters einer Ibo-Gemeinde ist sehr kompliziert. Schauen Sie hierzu noch einmal in Teil 3 nach!

Mit dem Eingreifen der Briten und besonders nach 1945 verändern folgende Entwicklungen die Situation der alten Autoritäten:
Die Eingriffe der britischen *District Officers* vor allem in die Rechtsprechung und das Verbot des gewaltsamen Austrags von Streitigkeiten zwischen Gemeinden haben die Autorität der *Chiefs* sichtbar verringert.
Mit der Ausbreitung des Christentums sind die sakralen Kräfte der *Chiefs* zumindest relativiert worden. Die *cash-crop*-Bauern wirtschaften im Prinzip nach kapitalistischen Regeln als Kleinunternehmer. Sie unterwerfen sich nicht mehr unbegrenzt den alten Regeln der Verteilung von Boden und Ertrag. Sie „gehorchen" anderen Zwängen als denen des Dorfes oder der Stadt.
Eine wachsende Zahl von Menschen geht in städtische Zentren und unterliegt dort anderen Herrschaftsordnungen, wirkt aber über die Verwandtschaft in die Heimatgemeinde zurück. Je nach ihrem Erfolg werben sie vor allem in den Augen der jungen Menschen mit großer Autorität für die Stadt und die neuen Lebensformen.
Je mehr die britische Verwaltung und nach ihr die Republik Nigeria die Leistungsfähigkeit Nigerias auf dem Weltmarkt zu verbessern sucht, desto weniger fördert sie die wirtschaftliche Lebensfähigkeit des Dorfs und macht es zunehmend unattraktiv für die Jugend.

Sie suchen nach Macht innerhalb und außerhalb ihrer Ethnien.
Welche gemeinsamen Interessen teilen die alten Eliten aller Ethnien; gegen wen und wie können sie diese Interessen dann verteidigen?
Alle koloniale Verwaltung ist zentralistisch und außengelenkt; die Republik wird es auch sein. Soll und kann man gegen die Briten und gegen Lagos ankommen?
Kann man Macht und Autorität dadurch sichern, dass man sich der Kolonialmacht und der späteren Zentralgewalt unentbehrlich macht?
Soll man Parlamente und Parteien bekämpfen oder für sich nutzen?
> Entscheiden Sie je nach Ihrer Rolle für sich selbst, wo Sie Ihre Interessen im Bündnis mit anderen sozialen Kräften quer zu den Ethnien suchen! Sie suchen Kompromisse unter den alten Autoritäten nicht um jeden Preis. Insgesamt sind Sie konservativ; Lagos gefährdet Ihre Rolle.

Arbeitsorganisation
Ihre Rolle erforderte die Zusammenarbeit mit Angehörigen anderer Gemeinden und Ethnien, die gleiche oder ähnliche soziale und politische Interessen wie Sie haben. Markieren Sie Ihre Position, die Ihnen nach dem anderen Arbeitsblatt als Ihre Ethnie zugewiesen wird, und notieren Sie die Namen Ihrer Mitschüler und Mitschülerinnen, die die anderen Ethnien vertreten. Wählen Sie einen Sprecher für Ihre Gruppe und teilen Sie dies Ihrer Lehrerin/Ihrem Lehrer mit!

Die Ethnien:

- *Haussa-Fulbe*

- *Yoruba*

- *Ibo*

- *Calabar* (ethnisch gemischt)

Arbeitsblatt zur Sozialgeschichte Nigerias **SOZIALE ZUORDNUNG**

DIE TRADITIONSGEBUNDEN MENSCHEN

Sie spielen die Rolle eines einfachen Bewohners einer afrikanischen Gemeinde.
Sie sprechen einen Dialekt des Haussa, des Yoruba, des Ibo oder des Efik (in Calabar).
Sie leben in den alten kultischen Traditionen und sind Bauer im sozialen Rahmen der traditionellen Landwirtschaft, aber Sie sind, wenn auch sehr unvollkommen, durch persönliche Kenntnis über *cash crops* und durch Berichte von Verwandten und Bekannten über das Leben in Lagos informiert.

Informieren Sie sich anhand von S. 28 f. und 57 ff. über die traditionelle Landwirtschaft, die allgemeine Ernährungslage des Gebiets und das Angebot europäischer Güter.

Mit dem Eingreifen der Briten und besonders nach 1945 verändern folgende Entwicklungen die Situation der Menschen in den Dörfern:
Die Eingriffe der britischen Verwaltung sind spürbar: Die alten *Chiefs* und die religiös-sozialen Regeln verlieren sichtbar an Bedeutung; Rechtsstreitigkeiten kommen vor ein Gericht und kosten Geld; es sind Steuern zu bezahlen – und zwar *cash*.
Mit der Ausbreitung des Christentums sind die sakralen Kräfte der *Chiefs* zumindest relativiert worden. Im Bereich der Yoruba und im islamischen Norden wächst die Zahl der *cash-crop*-Bauern, die nach anderen (kapitalistischen) Regeln als Kleinunternehmer wirtschaften. Sie sind wohlhabender, teilen aber nicht mehr unbedingt ihre Erträge mit der Großfamilie.
Eine wachsende Zahl von Menschen geht in städtische Zentren und unterliegt dort anderen Gesetzen, wirkt aber über die Verwandtschaft in die Heimatgemeinde zurück. Je nach ihrem Erfolg werben sie vor allem in den Augen der jungen Menschen mit beträchtlicher Autorität für die Stadt und die neuen Lebensformen.
Je mehr von Nigeria die Rede ist, desto mehr dreht sich alles um *cash crops* und Lagos, und desto weniger attraktiv erscheint das Dorf für die Jugend.

Die normalen Dorfbewohner können nur im örtlichen Rahmen handeln.
Nigeria ist Ihnen kaum verständlich; von sich aus können Sie kaum mit „Fremden" außerhalb Ihrer Gemeinde kommunizieren, auch wenn Sie mit zuwandernden Angehörigen aus anderen Ethnien in den meisten Fällen friedlich zusammenleben. Das Erscheinen nigerianischer oder regionaler „Parteien" macht sie eher ratlos.
Eine Diskussion der einfachen Menschen über die lokalen Grenzen hinaus ist hypothetischer Natur; die hier zusammenkommende Arbeitsgruppe ist viel fiktiver als die der alten Autoritäten.

Dennoch stellen sich Ihnen konkrete Fragen, die weit über die Gemeinde hinausreichen:
Soll man die Entscheidungen über Angelegenheiten des Dorfs und seiner Grenzen wie gewohnt den *Chiefs* überlassen oder soll man sich an Wahlen beteiligen, die von häufig fremden Menschen aus der Stadt organisiert werden. Soll man deren Versprechungen von geschenktem Maniokmehl und Bier Glauben schenken?
Soll man sich gegen Steuern wehren und die britischen *District Officers* samt ihren afrikanischen Helfern notfalls mit Gewalt vertreiben?
Soll man seine Kinder in die christliche Schule schicken und Englisch lernen lassen?
Soll man seine Kinder ermutigen nach Lagos zu gehen?
> Insgesamt sind Sie konservativ und haben für die Belange Nigerias wenig Verständnis.

Arbeitsorganisation
Ihre Rolle erforderte die Zusammenarbeit mit Angehörigen anderer Gemeinden und Ethnien, die gleiche oder ähnliche soziale und politische Interessen wie Sie haben. Markieren Sie Ihre Position, die Ihnen nach dem anderen Arbeitsblatt als Ihre Ethnie zugewiesen wird, und notieren Sie die Namen Ihrer Mitschüler und Mitschülerinnen, die die anderen Ethnien vertreten. Wählen Sie einen Sprecher für Ihre Gruppe und teilen Sie dies Ihrer Lehrerin bzw. Ihrem Lehrer mit!

Die Ethnien:

- *Haussa-Fulbe*

- *Yoruba*

- *Ibo*

- *Calabar* (ethnisch gemischt)

Arbeitsblatt zur Sozialgeschichte Nigerias **SOZIALE ZUORDNUNG**

DIE „MODERNEN" MENSCHEN

Sie spielen die Rolle eines *cash-crop*-Farmers, eines Kleinproduzenten von Palmöl, Kakao oder Erdnüssen, einer Händlerin im Ibo-Gebiet oder auf dem Markt in Lagos, eines LKW-Besitzers, eines Automechanikers oder eines Dorfschmieds.
Sie hängen direkt (als Farmer) oder indirekt von einem fernen, oft sprunghaften und unkalkulierbaren Weltmarkt ab. Sie müssen kaufmännisch denken, Englisch und zumindest etwas Buchführung beherrschen; viele von Ihnen sind auf Kredite angewiesen.
Alles das erfordert eine Herauslösung dieser Wirtschaft aus den sozialen Strukturen des Dorfes und den kollektiv gebundenen Eigentumsverhältnissen.
Die meisten Farmer und Kleinunternehmer werden nach dörflichen Maßstäben wohlhabend und können sich einige europäische Waren und Lebensweisen leisten.

Informieren Sie sich anhand der Seiten 84-88, 95-98 und 109-112 über die wirtschaftliche Entwicklung der weltmarktbezogenen Teile der nigerianischen Wirtschaft! Achten Sie auch auf die Attraktivität europäischer Lebensweisen für Afrikaner.

Nach 1945 verstärkt sich die Integration Nigerias in den Weltmarkt.
Besonders die gute Weltmarktkonjunktur der frühen 1950er-Jahre vergrößert den „modernen" Sektor der nigerianischen Wirtschaft und die Lage der zu ihm gehörigen Bevölkerung verbessert sich spürbar. Die Kleinunternehmer wissen, dass sie wirtschaftlich stärker von der gesamtnigerianischen Entwicklung abhängen als von ihrer Gemeinde. Die *cash-crop*-Farmer wirtschaften nach den Gesetzen des kapitalistischen Markts und unterwerfen sich nicht mehr den alten Regeln der Verteilung von Boden und Ertrag. Sie „gehorchen" anderen Zwängen als denen des Dorfs. Sie verfügen über weiter reichende Informationen und sind zunehmend weiträumig mobil. Sie wissen, dass die Wirtschaftspolitik in Lagos und London für ihr Schicksal entscheidend ist, weil dort über Zölle, Steuern, die Investitionen in Infrastruktur (Eisenbahn, Häfen, Straßen, Telefon), die Entwicklung der Schulen und die Macht der britischen Außenhandelsfirmen entschieden wird. Sie sind in der Praxis eher Nigerianer als ethnisch gebunden.

Die unternehmerisch wirtschaftenden und marktorientierten Nigerianer verstärken die Entwicklung zu einem modernen zentralisierten Staat.
Welche Interessen verbindet die Farmer und Kleinunternehmer über die örtlichen und ethnischen Grenzen hinweg?
Welche Vorteile bringt eine Bevorzugung der traditionellen Autoritäten in den einzelnen Ethnien, welche die Entwicklung zentraler Instanzen in Lagos, eines gesamtstaatlichen Parlaments und von Parteien?
Welche Risiken ergeben sich aus der Konkurrenz zwischen den Regionen?
> Sie sind zukunftsorientiert und blicken auf Lagos als den Ort, an dem die wichtigsten Entscheidungen fallen. Suchen Sie quer zu den Ethnien nach Partnern zur Durchsetzung Ihrer Interessen!

Arbeitsorganisation
Ihre Rolle erforderte die Zusammenarbeit mit Angehörigen anderer Gemeinden und Ethnien, die gleiche oder ähnliche soziale und politische Interessen wie Sie haben. Markieren Sie Ihre Position, die Ihnen nach dem anderen Arbeitsblatt als Ihre Ethnie zugewiesen wird, und notieren Sie die Namen Ihrer Mitschüler und Mitschülerinnen, die die anderen Ethnien vertreten. Wählen Sie einen Sprecher für Ihre Gruppe und teilen Sie dies Ihrer Lehrerin bzw. Ihrem Lehrer mit!

Die Ethnien:

- *Haussa-Fulbe*
- *Yoruba*
- *Ibo*
- *Calabar* (ethnisch gemischt)

Arbeitsblatt zur Sozialgeschichte Nigerias **SOZIALE ZUORDNUNG**

DIE MENSCHEN, DIE NACH LAGOS GINGEN

Sie sind aus Ihrer Heimatgemeinde nach Lagos gegangen und gehören dort zu den vom Schicksal begünstigten Bewohnern, d. h. Sie sind Hausbesitzer, eine Großhändlerin auf dem Markt, Arzt, Jurist, Journalist oder Politiker.
Sie stammen „aus der Provinz" und sind weiter mit Ihrer alten Heimat verbunden; Sie reisen dorthin, gehören einem der Vereine Ihrer Ethnie in Lagos an. Sie sind der Patron junger Leute aus Ihrer Heimatgemeinde und zugleich geschäftlich und politisch mit Angehörigen anderer Ethnien eng verbunden.

Ziehen Sie die Informationen aus dem Kapitel 4.2 heran, um konkret Ihre Lage, Ihre Interessen, Risiken, wirtschaftlichen und sozialen Mittel und Ziele darzustellen. Sie streben ein politisches Amt in Mushin oder Lagos an und wollen Ihr Unternehmen ausweiten. Dazu müssen Sie Allianzen und Strategien entwickeln und in die Tat umsetzen.

Mit der wachsenden Einbindung Nigerias in die Weltwirtschaft setzte in den 1950er-Jahren ein schnelles Wachstum von Lagos ein – mit vielfältigen Folgen:
Auf lokaler Ebene wuchsen Probleme der sozialen Verhältnisse, der Infrastruktur und der Rechtssicherheit, die eine moderne Verwaltung und eine Stärkung der politischen Instanzen erforderten.
Die dauernden Unzulänglichkeiten von Regierung, Parlamenten und Verwaltungen verstärkten das Gewicht von Klientelen und informellen sozial-politischen Strukturen.
Die wirtschaftlich-soziale Lage der Masse der Bevölkerung erzeugt außerordentliche, häufig sich in Gewalt entladende Spannungen, die sich politisch ausnutzen lassen. Dabei zeigt sich häufig eine Solidarisierung nach sprachlichen und kulturellen Gemeinsamkeiten; wird sie von Parteipolitikern gezielt genutzt, so ist das eine hoch riskante politische Strategie, denn die ethnischen Konflikte auf einer Basis kaum lösbarer sozialer Gegensätze sind kaum unter Kontrolle zu halten.
Wenn diese Spannungen über die intensiven verwandtschaftlichen Bindungen in die Regionen zurückwirken, so werden daraus rasch gesamtnigerianische Konflikte.

Die neuen politisch-sozialen Eliten in Lagos stehen vor der Frage, mit welcher Strategie sie ihre Interessen am besten durchsetzen können. Sollen Sie „nigerianisch" denken und Kompromisse ohne Rücksicht auf ethnische Grenzen suchen oder sollen Sie in Ihrer ethnischen Herkunftsgruppe durch den Appell an ethnische Solidaritäten in Lagos und in Ihrer Heimatregion eine Position der Stärke aufbauen?
Welche Interessen teilen die neuen Eliten in Lagos unabhängig von ihrer ethnischen Herkunft?
Welche Erfolg versprechenden Muster des Interessenausgleichs gibt es in Lagos?
Inwieweit wirkt eine „Nigerianisierung" der Politik kompromissfördernd?
Welche Chancen und Risiken bietet eine „Ethnisierung" der Gegensätze dem einzelnen Politiker?
Wie können die verschiedenen Gruppen Parlamente und Parteien für sich nutzen?
> Entscheiden Sie je nach Ihrer Rolle für sich selbst, wo Sie Ihre Interessen im Bündnis mit anderen sozialen Kräften quer zu den Ethnien suchen – und wo Ihnen die ethnische Solidarisierung nützlich erscheint! Bestimmen Sie, bis zu welchem Preis Sie Kompromisse unter den Eliten suchen! Diskutieren Sie den Fall, dass innerhalb des NCNC die Ibo-Mehrheit einen Kompromiss mit den anderen Ethnien sucht und entscheiden muss, ob sie ihre Mehrheit im Parteivorstand aufgibt!

Arbeitsorganisation
Ihre Rolle erforderte die Zusammenarbeit mit Angehörigen anderer Gemeinden und Ethnien, die gleiche oder ähnliche soziale und politische Interessen wie Sie haben. Markieren Sie Ihre Position, die Ihnen nach dem anderen Arbeitsblatt als Ihre Ethnie zugewiesen wird, und notieren Sie die Namen Ihrer Mitschüler und Mitschülerinnen, die die anderen Ethnien vertreten. Wählen Sie einen Sprecher für Ihre Gruppe und teilen Sie dies Ihrer Lehrerin/Ihrem Lehrer mit!

Die Ethnien:

- *Haussa-Fulbe*
- *Yoruba*
- *Ibo*
- *Calabar* (ethnisch gemischt)

Arbeitsblatt zur Geschichte Nigerias

DIE BRITISCHE VERWALTUNG

Die britische Verwaltung hat vor allem britische Interessen durchzusetzen.
Politisch müssen Ruhe und Ordnung, Rechtsfrieden und geordnete Verwaltung gesichert sein, wobei britische Missionare und Kaufleute besondere Forderungen zu ihrem Schutz erheben. Entwicklungen, die zu Aufständen führen könnten, sind früh zu erkennen, um Militäreinsätze zu vermeiden oder wenigstens zu minimieren.
Es sind die Produktion exportfähiger Güter *(cash crops)* zu steigern und der Absatzmarkt für europäische Waren zu vergrößern. Aus der wachsenden Geldwirtschaft sind Steuern zu erheben, um Verwaltung, Polizei, Militär und politische Körperschaften *(native councils)* zu finanzieren und öffentliche Arbeiten durchzuführen, durch die die Verkehrswege für den Handel verbessert werden.
Die *District Officers* müssen die afrikanischen Herrschaftsstrukturen und Rechtsgewohnheiten so weit wie möglich für eine reibungslose, Kosten sparende Verwaltung nutzen, zugleich aber alles beseitigen, was europäischen Vorstellungen von Recht und Menschlichkeit widerspricht.

Nach 1945 arbeitet die britische Politik auf eine baldige politische Souveränität Nigerias hin, womit sie kurzfristig ihre Strategien ändern musste.
Die Intensivierung des Staatsapparats zwingt die britischen wie die nigerianischen Politiker, durch Gesetze und Verwaltungsmaßnahmen in die wachsenden Interessenkonflikte einzugreifen.
Die alte Trennung zwischen dem britischen *civil service* mit europäischen Beamten und Verwaltungsformen und der *native administration* musste aufgehoben werden; in dem Jahrzehnt vor der Unabhängigkeit 1960 wurden die hoch bezahlten „weißen" Stellen an Afrikaner übergeben.
Eine große Zahl von Afrikanern musste für alle, auch die höchsten Aufgaben der Verwaltung qualifiziert werden. Die Ausbildung dafür wurde von England an neue Hochschulen in Nigeria verlegt.

Die Kolonialbehörden suchten eine Lösung, die die britischen Wirtschaftsinteressen wahrte (kein Problem bei den gegebenen Wirtschaftsbeziehungen) und von den Nigerianern so akzeptiert wurde, dass sie dauerhaft stabil war.
Welche politische Struktur für die Kolonie sollte man anstreben – einen Zentralstaat, eine Föderation der von Lord Lugard um 1900 geschaffenen Regionen oder eine Föderation aus kleineren, von ethnischen Merkmalen her definierten Einheiten?
Sollte man (ähnlich wie Frankreich) eine größere Zahl kleiner souveräner Staaten schaffen oder die große Einheit Nigeria bewahren?
Sollte man im Falle einer Föderation „Nigeria" die Zentralgewalt oder die Bundesstaaten stärken?
Sollte man bei der Zusammenarbeit mehr die neuen städtischen Eliten und die noch jungen nigerianischen Parteien oder die alten Autoritäten bevorzugen?
Wie konnte man die innere Stabilität vor allem der muslimischen Herrschaften im Norden sichern, die besonders eng mit der britischen Seite zusammengearbeitet hatten?
Wie schnell konnte man die britischen Offiziere aus Polizei und Armee zurückziehen und an wen sollte man ihre Funktionen übergeben, ohne dass sich die ethnische Frage weiter zuspitzt?

Arbeitsorganisation
Ihre Rolle erfordert die Zusammenarbeit einerseits mit den afrikanischen Autoritäten und andererseits mit Ihren Kollegen, die die Interessen Großbritanniens in anderen Gemeinden und Ethnien vertreten. Die britischen Beamten verfolgen die gleichen Ziele, aber in unterschiedlichen ethnischen und politischen Umfeldern, was individuelle politische Strategien und Mittel erfordert. Definieren Sie Ihre Position in „Ihrer" Ethnie anhand des Arbeitsblatts zur ethnischen Zuordnung und notieren Sie Ihre Gesprächspartner auf den verschiedenen Ebenen der Politik.

Die Vertreter „Ihrer" Ethnie:

- *der Inhaber der traditionellen Autorität*
- *ein Sprecher der „modernen" Kräfte.*

Die Vertreter der britischen Verwaltung im Bereich folgender Ethnien und Gemeinden:

- *Haussa-Fulbe*
- *Yoruba*
- *Ibo*
- *Calabar.*

Der Herr Generalgouverneur. Dieser ist zugleich der Sprecher aller britischen Beamten.

Technische Durchführung

Verteiler für die Arbeitsblätter:
Ethnische Gliederung einschließlich der britischen Residenten vor Ort:

• Katsina (moslemischer Norden)	5
• Ondo (Yoruba-Städte)	5
• Umuofia (Ibo-Gemeinden)	4
• Calabar (als Vertreter der kleinen Ethnien)	5
Politische und soziale Rollen:	
• die afrikanischen Autoritäten	4 (auch für Ibo)
• die traditionsgebundenen Menschen	4
• die „modernen" Menschen	4
• die Menschen, die nach Lagos gingen	4
• die britische Verwaltung	5

Bei der Rollenverteilung unter den Schülern beginnen Sie am besten mit der ethnischen Gliederung (3 Gruppen zu 5, eine Gruppe zu 4 Schülern, der Gouverneur), da diese die sachlich dominierende ist. Nach der Rollenverteilung innerhalb der ethnischen Gruppen treten die politisch-sozialen Gruppen zusammen. Wenn man die Zahl der Rollen verringern muss, wird man dies bei den politisch-sozialen tun und dementsprechend die ethnischen Gruppen verkleinern. Bei der großen Gesamtzahl werden die einzelnen Rollen mit je einem Schüler besetzt. Ist der Kurs größer, besetzen Sie am besten die Lagos-Rollen doppelt. Die Einzelbesetzung der Rollen setzt recht selbstständige Schüler voraus. Wenn der Kurs kleiner als 20 Schüler ist oder wenn Sie für jede Rolle Partnerarbeit vorziehen, können Sie die Zahl der Rollen verringern, wofür es mehrere Alternativen gibt:

- Am leichtesten ist die Reduktion der britischen Position auf eine einzige, womit 16 Rollen bleiben.
- Verbindet man in jeder Ethnie die Rolle der alten afrikanischen Autorität mit der der traditionsgebundenen Menschen zu je einer, so bleiben 13 Rollen zu besetzen.
- Man kann auf die Calabar-Rollen mit Ausnahme des *Chiefs* verzichten und so 2 Rollen einsparen.
- Innerhalb der drei „großen" Ethnien kann man den Kontrast auf je zwei Grundpositionen reduzieren, „Land und Tradition" gegen „marktorientierte Wirtschaft und Lagos". Zusammen mit je einer Rolle für Calabar und für die Kolonialbehörde bleiben dann 8 Rollen.

Im letzteren Fall ergeben sich dann in der politisch-sozialen Gliederung nur noch zwei Großgruppen und die Rolle der Kolonialbehörde.

Bei einer Reduktion der Rollenzahl müssen Sie für die politisch-sozialen Doppelrollen, die dabei entstehen, keine neuen Arbeitsblätter schreiben, sondern nur die Schüler oder Gruppen mit je zwei der vorhandenen politisch-sozialen Rollenbeschreibungen ausstatten.

Alle Arbeitsschritte in Teil 4 des Arbeitsbuchs sind für Gruppenarbeit vorgesehen: Auch dort, wo eine Differenzierung nicht ausdrücklich vorgesehen ist, empfiehlt sie sich, da sie die voneinander abweichenden Standpunkte und Interessen deutlicher sichtbar macht; das ist für das Verständnis der kontroversen Entwicklung Nigerias wichtig. Dabei sollte die Gruppenarbeit nach der ethnischen und nach der politisch-sozialen Orientierung wechseln. Wenn Sie sich den Zeitaufwand für längere Gruppenarbeit nicht leisten können, sollten Sie doch zusehen, dass jeder Schüler wenigstens zweimal auf jeder der beiden Bühnen der nigerianischen Wirklichkeit agiert, da der Wechsel von der einen in die andere Perspektive eine besonders wichtige Lernerfahrung ist.

4 – Vorbereitung des Rollenspiels
Darstellung und Aufgabenstellung S. 102 f.

Erklären Sie Ihren Schülern und Schülerinnen das Rollenspiel als eine besonders günstige Möglichkeit, den historischen Gegenstand in den Wert- und Interessenkonflikten zwischen den ethnischen und sozialen Rollen im entstehenden Nigeria wahrzunehmen.
Stellen Sie die Rollen und ihre beiden Dimensionen dar (Arbeitsbuch S. 103). Die Rollenverteilung wird über die ethnische Dimension organisiert: Es finden sich „die" Haussa-Fulbe, „die" Yoruba etc. zusammen und verteilen später untereinander die politisch-sozialen Rollen. Besetzen Sie die Rollen der Vertreter von Lagos mit besonders meinungsfreudigen Schülern! Möglicherweise bestimmen Sie die Sprecher der ethnischen Gruppen; diese müssen nicht notwendig der Emir, *Oba, Chief* etc. sein! Dann treten die Schüler nach ihren politisch-sozialen Rollen zusammen und bestimmen auch hier einen Sprecher. Es ist wichtig, dass kein Schüler zwei Sprecherrollen übernimmt.
Die Vertreter der Kolonialmacht treten zuerst zusammen und erörtern ihre Rollen in den Ethnien. Vor allem bei der Erörterung der Strategie des *indirect rule* sollten sie so etwas wie einen inhaltlichen Konsens und einen *esprit du corps* entwickeln.

4.1 – Britischer Kolonialismus in Nigeria

4.1 A – Die Entstehung der Kolonie Nigeria und die Strategie des *indirect rule*
Darstellung S. 95-99, Materialien M 4.1-4.4
Aufgabe: S. 103 (1. Absatz)

Dieser Arbeitsschritt muss nicht in Gruppenarbeit geschehen. Es wäre aber vorteilhaft, wenn die Rollenträger der britischen Verwaltung und der afrikanischen Autoritäten die britische Politik hinsichtlich ihrer möglichen Konsequenzen im Plenum kontrovers diskutieren würden.

1. Lassen Sie die Darstellung S. 103 f. und M 4.1 unter dem Gesichtspunkt der Akzeptabilität für die Afrikaner und vor dem Hintergrund der Erfahrung ihrer militärischen Unterlegenheit als Hausaufgabe vorbereiten. Das Gespräch im Unterricht entwickelt sich von der Plausibilität der britischen Sicht über die Vorteile der Ordnung für die Fulbe-Oberschicht hin zum Vergleich dieser islamischen Gesellschaften mit den Edo und den Ibo-Gemeinden. Dabei werden grundlegende Merkmale der islamischen Herrschaften der Haussa-Fulbe im Westsudan dargestellt. Das Gespräch kann in der Form rollenmäßig geführt werden, dass die Vertreter der britischen Politik die „Afrikaner" zu überzeugen suchen und diese ihre Einwände vorbringen.
2. Sie können eine Unterrichtsphase (oder zwei) der Gruppenarbeit einfügen und dabei M 4.2 und 4.3 in die Erörterung mit einbeziehen. Die Afrikaner und die Vertreter der britischen Position treten getrennt zusammen und tauschen ihre Erfahrungen aus dem ersten Arbeitsschritt aus. Die Afrikaner stimmen über ihre Haltung ab, begründen ihre Entscheidung und formulieren eventuell zusätzliche Forderungen oder Fragen an die britische Seite. Sie tragen ihre Positionen im Plenum vor.

4.1 B – Die Schwierigkeiten der Ibo
Darstellung und Materialien wie 4.1 A

Am nachhaltigsten leisten „die Ibo" Widerstand gegen die britische Konzeption des *indirect rule* und finden dabei zumindest die Haussa-Fulbe nach und nach auf der anderen Seite. Legen Sie den Schülern die Frage vor, wie *indirect rule* realisiert werden kann, wenn für die Briten auf der afrikanischen Seite keine institutionelle Herrschaft fassbar ist? (Wie soll ein *District officer* mit den *egwugwu* „verhandeln", wie soll dieser auf den britischen Beamten reagieren? Können *Warrant chiefs* als Vermittler funktionieren, und kann überhaupt die Kolonie unter diesen Umständen als eine Einheit verwaltet werden? Gemeinsam kann man dann die Haltung der Ibo-Gemeinden zum Ausgangspunkt für die Überlegung verwenden, warum das *indirect rule* ausgerechnet dort die größten Schwierigkeiten hatte, wo afrikanische Lebensformen - bei der gebotenen größten Vorsicht – mit demokratischen Vorstellungen Europas vergleichbar erscheinen. Hier wäre es besonders hilfreich, wenn Sie auf Teil 3 des Arbeitsbuchs zurückgreifen könnten und die Schüler aus der Perspektive der Ibo die Frage erörtern ließen, wieso gerade die Sicherung von Recht und Rechtsfrieden das größte Hindernis für die Akzeptanz kolonialer Herrschaft ist.

4.1 C – Beurteilung und Bewertung britischer Kolonialpolitik in Afrika
Rückbezug Teil 3 S. 85-88 und 91-93, Darstellung S. 97-99, Materialien M 4.5 und M 4.6

(Sie können M 4.7 als Teilaufgabe von zwei Schülern bearbeiten und in der Form eines Kurzreferats im Unterricht darstellen lassen.)
Man kann diese Aufgabe sehr knapp fassen und vor dem Hintergrund der Beendigung der Sklaverei und der Einführung der *cash crop economy* (M 4.6) die Ablehnung der Wünsche britischer Unternehmer nach Plantagenwirtschaft interpretieren. Man wird dabei zu dem Schluss kommen, dass die Einbindung Afrikas in die Weltwirtschaft energisch und unumkehrbar voranschritt, die Briten aber auch die afrikanischen Interessen ernsthaft berücksichtigten.

4.1 D – Ethnien, Stämme, Identitäten
Darstellung S. 99 f., Rückbezug M 4.3 und M 4.7

Einer der wichtigsten Gegenstände unserer Arbeit ist die Frage der afrikanischen Identitäten. Wahrscheinlich haben Sie sie schon früher im Kontext von Teil 3, besonders im Zusammenhang der Konfrontation „der Ibo" mit den Briten und mit Okonkwos Ende thematisiert. Hier im Kapitel 4.1 wird sie besonders deutlich, wenn die Gruppe der „Ibo" sich fragt, wieso sie in einen größeren, mehrere Gemeinden umfassenden Zusammenhang eingeordnet werden und der britischen Seite eine Art von einheimischem Herrscher gegenüberstellen soll. Man kann diesen Fragenkomplex aber auch in den nächsten Arbeitsschritt einordnen, denn die *Aba Riots* sind nicht nur ein politisch-sozialer Konflikt, sondern zugleich ein Problem des wechselseitigen Verstehens von Europäern und Afrikanern: Wer ist in der Kommunikation überhaupt das Gegenüber?

Die *Aba Riots* sind einer der spannendsten Gegenstände des Arbeitsbuchs - ein sehr farbiges Ereignis, in dem sich exemplarisch die grundlegenden Kommunikations- und Interpretationsprobleme zwischen Afrikanern und Europäern darstellen. In den *Aba Riots* entwickelten Frauen aus den Rechtstraditionen der Ibo-Gemeinden eine neue organisierte, aber unblutige Gegengewalt gegen die Rechtsverletzung durch die Briten.

4.1 E – Die *Aba Riots*
Darstellung S. 91-93, M 4.8
Aufgabe: S. 108

1. Am besten führen Sie selbst M 4.8 im Unterricht ein. (Die Hausaufgabe aus der voraufgehenden Stunde konzentriert sich auf die schriftliche Ergebnissicherung der Arbeitsschritte 4.1 A-C.) Die ethnischen Gruppen und gesondert von ihnen die Kolonialbeamten lesen zunächst den Text bis zum Ende von S. 107 und erörtern, was dieser Vorgang bedeuten könnte. Im Plenum tragen dann alle Gruppen ihre Sicht der Dinge vor. Es kann aber ergiebiger und motivierender sein, die britische Position mit der der Ibo zu konfrontieren: Geschieht hier Rechtsbruch und soll die Kolonialmacht Waffengewalt dagegen einsetzen? Bei der Vorbereitung und in der Diskussion empfiehlt sich eine Dreiteilung des Kurses in Briten – Ibo – übrige Afrikaner.
2. Danach werden die Schüler als Hausaufgabe den zweiten Teil der Quelle lesen und (in der Form eines Gutachtens oder eines Pressekommentars) aus ihren ethnischen Perspektiven das Vorgehen der Aufständischen erklären und die Kolonialverwaltung kritisieren. Im Mittelpunkt steht die Kreativität und disziplinierte Energie der Frauen, die auf die koloniale Herausforderung mit einer weiblichen Adaption der männlichen Rechtsinstrumente der Ibo-Gemeinden reagierten; sie nahmen selbst die formalisierte, im Normalfall unblutige Gewaltandrohung und die Symbole dieser Rechtsgewalt in die Hand, um Unrecht von sich abzuwenden. Interessant wäre es, die Konfrontation der Ibo-Männer mit den Ibo-Frauen von Schülern und Schülerinnen spielen zu lassen.
Vielleicht können Sie hier auch die Intelligenz und Geistesgegenwart jenes unbekannten britischen Offiziers thematisieren, der Waffeneinsatz vermied und Rechtsfrieden herstellte, indem er „afrikanisch" dachte. Hier stecken schöpferische Potenziale, die über das traurige Ende hinausweisen!
3. Gelegentlich sieht man im Fernsehen afrikanische politische Demonstrationen und kann dabei, wenn die Berichterstattung nicht primär auf Bilder der Gewalt abzielt, traditionelle Formen wie Tanz, Gesang und symbolische Zeichen (häufig Pflanzen) erkennen. Es kann durchaus interessant sein, entsprechend begabte Schüler damit zu beauftragen, eine bildliche Darstellung eines derartigen Geschehens zu versuchen und mit afrikanischer Musik zu unterlegen. (Vgl. dazu auch M 4.28!)

Unmittelbar aus der Arbeit mit M 4.8 heraus oder auch als größeren Rückblick wird man an dieser Stelle den Komplex des Kolonialismus abschließen und am britischen Beispiel die Interessen, Ziele und Strategien europäischer Kolonialmächte darstellen. Die (überwiegend positiv zu bewertenden) Besonderheiten britischer Politik wird man mit Hinweis auf die knappen Ausführungen zu den anderen europäischen Mächten (S. 85 ff.) zu verstärken suchen. Zugleich wird man immer wieder die Rolle der Afrikaner, ihre Eigenständigkeit und Energie hervorheben und damit das nächste Kapitel vorbereiten, in dem es um die Entwicklung neuer Identitäten geht, wie sie am Beispiel von Lagos entwickelt werden. Ursache für diese Prozesse sind sicher die von Europa ausgehenden Kräfte der Weltwirtschaft und des Kolonialismus, doch die Lösungen der Probleme sind zutiefst afrikanisch.

4.2 – Lagos und die nigerianische Identität

4.2 A – Die Anziehungskraft von Lagos
Darstellung S. 109-113 und M 4.8-4.12
Methode: Auswertung sozialwissenschaftlichen Materials
Aufgabe: S. 113

1. Bei dieser Aufgabe wird der Unterricht am besten ganz zur Gruppenarbeit – und zwar zunächst ethnisch orientiert. Die Darstellung und die Texte M 4.8 bis 4.12 werden als Hausaufgabe vorbereitet und in den Gruppen unter folgenden Fragestellungen diskutiert: Welche Chancen bietet Lagos für Individuen? Welchen Nutzen ziehen daraus Familien und Gemeinden, wenn ihre nach Lagos gehenden Mitglieder mit ihnen verbunden bleiben? Welche Bedeutung behalten die heimischen Gemeinden für die Ausgewanderten? Welche Rückwirkungen wird Lagos auf die Großfamilien und Dörfer haben? Soll man seinen Kindern raten oder verbieten, nach Lagos zu gehen; sollte man sie eventuell sogar gezielt darauf vorbereiten?
2. Entweder in der Diskussion um Lagos als Ziel der Auswanderung oder zum Abschluss dieses Abschnitts wird erneut das Thema der Identität der Afrikaner angesprochen. Das kann ohne großen Zeitaufwand im Rückbezug auf den Arbeitsschnitt 4.1 C oder, wenn man dies im Kontext von 4.1 unterlassen hat, ausführlich und schwerpunktmäßig hier geschehen. In jedem Falle muss von jetzt ab immer wieder die Frage der Afrikaner im Raum stehen, wer sie sind und was zu werden sie im Begriff stehen. Dominant ist dieses Problem bei der Ansiedlung und Orientierung in Mushin und es wird spätestens bei dem fiktionalen Text M 4.16 wieder aufgegriffen.

4.2 B – Leben in Mushin
M 4.13-4.16
Methode: Untersuchung sozialer Rollen und Auswertung eines Soziogramm
In einer eigenen Arbeitsphase verarbeiten die Gruppen die Materialien M 4.13-4.16. Die Schüler vergegenwärtigen sich, was in Europa die Voraussetzungen der selbstständigen Existenz eines Menschen sind: Arbeit, Wohnung, Vorsorge für Gesundheit, für Arbeitsunfähigkeit und Alter usw., aber auch der Schutz der Rechte des Einzelnen durch den Staat. Das alles ist auf Afrika zu übertragen und soll auf einen Jugendlichen bezogen werden, der in Lagos mit Energie und Aufstiegswillen eine Karriere beginnt: Wie kann man sich durchsetzen und verhindern, dass man untergeht. Die Dialogpartner der Darstellung können Angehörige seiner eigenen Heimatgemeinde sein, aber auch Menschen in Lagos, die mit anderen Voraussetzungen und Mentalitäten aus einer fremden Ethnie kommen. Eine Geschäftspartnerschaft zwischen einem Yoruba-Beamten und einem Bauunternehmer aus Onitsha, zwischen einem Fulbe-Politiker und einem Journalisten aus einer der kleinen Ethnien im Niger-Delta können reizvolle Fälle abgeben.

4.2 C – Die Darstellung der Ergebnisse der Gruppenarbeit
Die Ergebnisse der Arbeit können jeweils nach Arbeitsschritt 4.2 A und B oder gemeinsam nach 4.2 B, besser aber noch fortlaufend dargestellt werden. Vor allem wenn man als Darstellungsformen Plakate und Bilder wählt, bedarf es am Ende oder Anfang einer Stunde nur einer kurzen Phase des Hinweisens und Erklärens, um den Blick des ganzen Kurses auf das Neue zu lenken.
Technisch ist es wichtig, dass die Gruppen kurze, griffige Zeichen für die Rollen finden, die sie vertreten. Im Kurs- oder Fachraum werden sie am besten einen Teil einer Wand dauerhaft für sich reklamieren und nach und nach anfüllen: **Wir, die** Ibo, Yoruba, Haussa-Fulbe – **Wir, die** Christen, Moslems, Menschen, die die Ahnen und die alten Götter ehren – **Wir, die** Menschen in Mushin, die Marktfrauen, Hausbesitzer – **Wir, die** Anhänger der AG, des NCNC, des NPC.
Regen Sie Ihre Schüler dazu an, die Ergebnisse ihrer Arbeit möglichst kreativ darzustellen. Das können Zeitungsartikel und Radio-Features sein, Predigten von Geistlichen für und gegen Lagos, Plakatanschläge und Briefe. Man kann fiktionale Texte schreiben – väterliche/mütterliche Warnungen und Trotz von Töchtern und Söhnen oder Briefe zwischen Daheimgebliebenen und Abgewanderten. Sie können von Treue und Untreue zwischen Paaren, Zerfall von Familien und Angst um sein Recht in der Fremde handeln. Quelle M 4.16 z. B. ist ein schöner Ausgangspunkt, um Tragisches und Komisches darzustellen: Obi Okonkwo im Streit mit dem Vorstand der *Umuofia Progressive Union*, bei der Trennung von seiner Braut Clara, der Tochter eines *ozu*-Sklaven, beim Besuch beim Vater in Umuofia und vor Gericht.
Sehr wünschenswert wären auch bildliche Darstellungen: In der *Middle Art* Nigerias finden wir aus den Werkstätten lokaler Maler fantasievolle Ladenschilder (Arbeitsbuch S. 113) und Gemälde nach den Wünschen ihrer Auftraggeber (s. u., Z 18). Hier werden Lebensgeschichten zwischen Karrieren und Scheitern der neuen Nigerianer dargestellt.
Im Laufe dieser Unterrichtsphase wird es notwendig eine Umgruppierung geben: Die Konflikte, die zwischen den Gruppen innerhalb der Ethnie aufbrechen, nötigen zur Umorientierung zu den interessengleichen Personen anderer Ethnien. Man wird als Lehrer auf die Notwendigkeit dieses Schritts hinweisen, den Übergang aber nicht unbedingt fest organisieren und abwarten, wann die Schüler sich selbst dazu entschließen: Soll Obi Okonkwos Besuch in Umuofia innerhalb der Ibo-Umgebung dargestellt werden oder soll er in Lagos bleiben und Freunde, Verbündete und Geschäftsfreunde nicht nur unter den Ibo suchen. Soll er mit Clara zusammenbleiben, und wie soll er übrigens in Mushin an eine Baugenehmigung kommen und an Geld für den ersten Bauabschnitt?

4.3 – Nigeria wird unabhängig

In diesem Kapitel kehrt der Kurs auf die höhere politische Ebene zurück, doch sind jetzt die Nigerianer nicht mehr nur die Juniorpartner der Briten, sondern sie übernehmen die politische Initiative und Verantwortung. Es ist wichtig, dass sich die Schüler hier der Wandlung ihrer Rollen bewusst werden. Es ist eines der wichtigsten Ergebnisse des Kurses, dass die Bedeutung der ethnischen Orientierung von dem Moment an eine zentrale Bedeutung erhält, an dem die Politik „nigerianisch" wird. Im Verständnis dieses Prozesses führen die populären Bezeichnungen „Stamm", „Stammespolitik" und „Tribalismus" aber in die Irre, da die neuen ethnischen Kategorien nur noch mittelbar mit den historischen ethnischen Strukturen verbunden sind. Vielmehr sind die neuen Identitäten Instrumentalisierungen alter Zugehörigkeiten (oder was man dafür halten mochte), die von modernen, europäisch geprägten Politikern zu den Zwecken einer modernen nigerianischen Politik geschaffen wurden. Die Persönlichkeit des Ibo-Führers Nnamdi Azikiwe ist dafür ein eindrucksvolles Beispiel und man sollte seine Rolle möglichst deutlich herausarbeiten lassen: In der Diskussion im Unterricht müssten die Antworten auf Ziks „Ich als Ibo..." und „Wir als Ibo ..." bewusst in eine neue, politisierte Dimension der ethnischen Dimension führen.

4.3 A – Die Entstehung politischer Strukturen und Eliten nach europäischem Vorbild
Darstellung S. 119 bis 121, Quellen M 4.17 und M 4.19-4.21
Aufgabe: S. 121
Sie können den Kurs nach den ethnischen Gruppen zusammentreten lassen und ihnen die Alternativen der ersten britischen Verfassungsansätze vorlegen, damit die Schüler erleben, dass sie gleich wieder auseinander gehen müssen, weil es gerade die Interessenunterschiede innerhalb der Ethnien sind, die einen Kompromiss unmöglich machen. Die Spannungen zwischen den traditionsgebundenen und den modernen Lebensformen sind nun nicht mehr zu überbrücken. Zumindest die Bewohner von Lagos können keine Lösung akzeptieren, die sie den Emiren und *Chiefs* unterordnet, die weit weg von der modernen Realität leben. (Schließlich haben in Lagos selbst die alten *Chiefs* der Awori, der hier seit Jahrhunderten ansässigen Yoruba, keinen wirklichen Einfluss auf die Entwicklung der Stadt nehmen können und wollen.)
Denkbar sind zunächst Fragen nach einer verfassungsmäßigen Lösung, bei denen wir aber die europäischen Vorstellungen aus der afrikanischen Perspektive als zunächst fremde Gebilde sehen müssen: Soll die Macht in den Gemeinden wie in der Tradition so weit wie möglich von den Emiren, *Obas* und *Chiefs* ausgeübt werden oder soll eine starke, an europäischen Vorbildern geschulte Zentrale Vorrang haben? Soll die politische Macht nach den demokratische Prinzipien des europäischen Vorbilds gehandhabt werden – mit geschriebener Verfassung, Gewaltenteilung und allgemeinen Wahlen? Sollen alle Erwachsenen oder nur die Männer oder gar nur die Ältesten der Großfamilien das Wahlrecht erhalten? Soll ein Zweikammersystem geschaffen werden mit einem von allen Bürgern gewählten Parlament einerseits und einem politisch gleich mächtigen „Oberhaus" der *Chiefs* der Ethnien andererseits?

4.3 B – Die Unabhängigkeit Nigerias und die Funktionen der Zentrale in Lagos
Darstellung S. 122-1 25, Quellen M 4.17, M 4.18 und M 4.22
Aufgabe: S. 126
Nach der Lektüre der Darstellung S. 122 ff. müssen sich die Gruppensprecher darüber einigen, ob der Kurs nach ethnischen oder nach politisch-sozialen Merkmalen zusammentreten soll. Beides ist möglich und führt zu der didaktisch erwünschten Erfahrung, dass beides nicht mehr richtig funktioniert. Offenbar reicht die ethnische Dimension nicht aus, den sachlichen Notwendigkeiten moderner, exportorientierter Landwirtschaft, von Schulbildung und Gesundheitswesen zu entsprechen. Zugleich aber machen die Erfordernisse der Parteienbildung, die Werbung von Anhängern und die Bildung von Koalitionen die ethnischen Bindungen attraktiv und zugleich brisant. In dieser Arbeitsphase sollten Sie versuchen, die Vertreter Calabars als die Sprecher der kleinen Ethnien deutlich hervortreten zu lassen – sowohl als Opfer der „großen" Politik im Stil Azikiwes als auch als Mahner für eine Politik, die von der Ausnutzung der ethnischen Zugehörigkeiten wegführen könnte.
Soll der Staat möglichst wenige oder möglichst viele Finanzmittel durch Steuern an sich ziehen? Soll er die Bewohner pro Person, pro Haushalt, nach verfügbarer Ackerfläche oder proportional nach dem Geldeinkommen besteuern; soll er Steuern auf Importwaren oder auf alle in Läden verkauften Waren oder nur auf bestimmte Konsumgüter wie Salz, Alkohol und Benzin erheben?
Wofür soll das Geld ausgegeben werden, für die großen Städte, die Infrastruktur (Straßen, Eisenbahn, Kommunikation), Subventionen oder Kredite für die *cash crop*-Farmer, für alle Bauern oder für die Industrialisierung? Sollen die Banken unter Aufsicht des Bundesparlaments oder teilstaatlich unter Aufsicht der Länderregierungen oder völlig privat organisiert werden?

4.3 C – Koalitionsgespräche
Material M 4.17
Hier haben Sie zwei Alternativen: Sie können eine Koalition der kleineren Parteien (und Ethnien) mit der *Action Group* diskutieren lassen, die die Konfrontationspolitik von NCNC und NPC zu blockieren sucht, oder Sie können die Frage vorschlagen, ob die Erdölexploration einer starken Zentralregierung in Lagos untergeordnet werden soll. Konzentrieren Sie die Wahrnehmung der Schüler auf die *Eastern Region* und die in ihr dominanten Ibo: Verglichen mit den dortigen Erdölvorkommen sind die Erdnüsse der *Northern Region peanuts* und mit Kakao lässt sich nach 1962 ohnehin nichts mehr verdienen. Die Diskussion, ob eine stärker zentrale oder eine stärker föderale Struktur Nigerias zu bevorzugen sei, wird hier ins Plenum übergehen und kann zu einer Abstimmung führen.
Innerhalb der ethnischen Gruppen vollzieht sich in dieser Phase eine Verschiebung der Gewichte: Sofern sich das nicht schon früher herausgebildet hat, werden die Vertreter von Lagos die Führungsrollen übernehmen und auch Gruppensprecher werden. Als Lehrer können Sie das direkt thematisieren: Ausgerechnet in dem Maße, in dem der „Stamm" zu einem politischen Instrument in den Händen der Berufspolitiker wird (vgl. M 4.20 - Nnamdi Azikiwe und seine Ibo-Ideologie), verlagert sich die Politik inhaltlich von den alten ethnischen und lokalen Identitäten fort zu etwas Neuem, das man Lagos, Nigeria oder modernes Afrika nennen kann.

4.4 – Das Scheitern der ersten Republik

Von der Unterrichtsphase 4.3 C zu 4.4 A ist es nur ein kleiner Schritt und man kann sie, vor allem wenn die Zeit knapp ist, direkt ineinander übergehen lassen. Lenken Sie die Diskussion auf die Frage hin, wie man eine Position zwischen den beiden Extremen (starke Zentralgewalt oder praktische Unabhängigkeit der drei Regionen) finden kann und welche Argumente und Verbündete sich für diese Politik finden lassen. Die ökonomischen Probleme können Sie auf die Erdölförderung eingrenzen, die ohnehin rasch zur Lebensfrage des Landes wird: In den 1970er-Jahren wächst sein Anteil am Export des Landes auf über 90 Prozent und die Fördergebiete liegen ausschließlich an der Küste in der von den Ibo dominierten *Eastern Region* und der *Midwest Region*, die von der Koalition von NCNC und NPC von der *Western Region* (Yoruba) abgetrennt wurde. Die alten Agrarprodukte werden nicht nur außenwirtschaftlich bedeutungslos, sondern stürzen bei sinkenden Weltmarktpreisen die von ihnen abhängigen Bauern und Kleingewerbe in direkte materielle Not.

4.4 A – Die erste Republik und ihr Scheitern
Darstellung S. 128-132, M 4.23-4.25

Sie können das schnelle Ende der Republik und die Abspaltung Biafras in zwei Schritten erörtern:

1. Sie können einen Konflikt zwischen den Angehörigen der Lagosgruppe vor dem Plenum oder einen Streit in den Ethnien um den Führungsanspruch der nach Lagos ausgewanderten Mitglieder initiieren (am bequemsten der Fall Azikiwe), in dem sich die Entscheidung darüber vollzieht, wie stark die Zentralgewalt sein soll, die ja zunächst noch in Lagos sitzt. (Abuja als die neue Hauptstadt im Landesinnern können Sie schon wegen ihrer ökonomischen Bedeutungslosigkeit auslassen.)
2. Nehmen Sie dann den Putsch vom Januar 1966 zum Anlass, um die Bedingungen für die Einheit Nigerias zu diskutieren. Das kann wieder unter mehr oder minder starker Beteiligung auch der übrigen Schüler in erster Linie von der „Lagosgruppe" vor der ganzen Klasse ausgetragen werden. Wenn der Vertreter der Ibo in dieser Gruppe gut vorbereitet ist, wird sich deren vermeintlich starke Position deutlich abzeichnen: Entweder haben der NCNC und seine Verbündeten in Lagos das Sagen oder die *Eastern Region* geht ihren eigenen Weg. Eine Erörterung vor allem des wirtschaftlichen Gewichts der Regionen schafft Kriterien für eine Entscheidung, ob sie die Unabhängigkeit anstreben können oder nicht. Es werden natürlich die Vertreter Umuofias sein, die dies am ehesten befürworten.
3. Die Entscheidung der *Eastern Region*, sich als Biafra für unabhängig zu erklären, und der anderen Teile Nigerias, die Einheit des Staates zu bewahren, führt zur Suche nach inneren und äußeren Verbündeten für den kommenden Machtkampf: Ohne das Öl der Küstenzone kann Rest-Nigeria scheinbar nicht existieren. Ohne Unterstützung von innen und außen aber kann sich Biafra nicht gegen die Zentralgewalt und ihr Militärpotenzial behaupten. Man kann daher kurz in den ethnischen Gruppen seine Strategien beraten, wobei M 4.25, die sehr realistische Analyse eines nigerianischen Ministeriums, ein breites Spektrum politischer Handlungsmöglichkeiten entfaltet, deren negative Effekte man hinterher erörtern wird. Schließlich werden sich in der Klasse nur noch zwei Gruppen – Rest-Nigeria und Biafra – gegenüberstehen und die jeweils andere Seite von der Aussichtslosigkeit ihres Vorhabens zu überzeugen versuchen.
4. In diesem Arbeitsschritt dominiert natürlich die macht- und außenpolitische Perspektive, doch sollte – besonders etwa bei der Arbeit mit M 4.25 – die Frage nach dem Funktionieren der Verfassungsstrukturen und des Staatsapparats nicht vernachlässigt werden. Gerade weil hier der Ansatzpunkt vieler Vorurteile ist, sollte man sichtbar machen, dass auch 1967 die Mehrheit der politisch artikulationsfähigen Nigerianer für die staatliche Einheit war, dass es einen *civil service* in der britischen Tradition gab, der funktionsfähig blieb und so etwas wie eine Verantwortung übernahm, dass es Beamte, Gerichte, Journalisten und Intellektuelle gab, die Recht, Verfassung und Menschenrechte zu schützen versuchten. Achebes Roman *A Man of the People* (M 4.27) kann hier von ein oder zwei Schülern gelesen und vorgestellt werden und als Material dienen.

4.4 B – Der Biafra-Krieg

1. Der Kriegsverlauf wird nur eine untergeordnete Rolle spielen. Falls Sie über altes Pressematerial verfügen, können Sie vor allem die skrupellose Kriegsführung und die Leiden der Menschen darstellen lassen. Das können in kontroverser Gegenüberstellung zwei Schülergruppen tun, die nach den Verbrechen der Gegenseite und den dafür Verantwortlichen fragen.
2. Die internationale Reaktion auf den Konflikt, seine Position im Ost-West-Konflikt und seine Abbildung in den politischen Auseinandersetzungen der Studentengeneration von 1968 lassen sich gut dokumentieren. Die innerafrikanische Perspektive und der Kampf in der kurz zuvor 1963 gegründeten OAU *(Organization for African Unity)* um eine Eingrenzung des Konflikts sind schwerer darzustellen. Man wird sich hier vielleicht mit einer Lehrerinformation begnügen müssen. Zumindest aber sollte die Frage ständig im Raum stehen, was ein Übergreifen des Konflikts um Einheit und Grenzen auf die anderen Staaten Afrikas, von denen die meisten ja erst gerade ihre Unabhängigkeit gewonnen hatten, bedeutet hätte.

4.5 – Abschlussdiskussion
Darstellung S. 132 f. und M 4.23-4.28
Aufgabe: S. 133

1. Die Abschlussdiskussion wird im Kurs als Ganzem geführt, auch wenn man noch zu einer Stillarbeit in ethnischen Gruppen auseinander treten kann. Als Ausgangspunkt bietet sich M 4.24 an, der von Klischees und Vorurteilen nur so strotzende Artikel aus dem SPIEGEL von 1967. Die Schüler erfahren daran, was für eine Kompetenz sie im Laufe des Kurses hinsichtlich Afrikas gewonnen haben und wie überlegen sie damit der Berichterstattung selbst angesehener Medien sind. Sie verfügen jetzt zugleich über die Möglichkeit einer Erörterung der grundlegenden Probleme afrikanischer Politik. Das kann zunächst auf der Basis des ganzen Nigeria-Kapitels und besonders von M 4.23, 4.25, 4.27 und 4.28 in kritischer Hinsicht geschehen: Es wird das Versagen afrikanischer politischer Eliten und ihrer außerafrikanischen Verbündeten sichtbar.

2. Am Ende des Kurses sollten Sie ganz entschieden über die negative Perspektive hinausgehen. International bedeutende Schriftsteller wie Wole Soyinka und Chinua Achebe, aber auch Journalisten und Richter haben auch in Nigeria für Demokratie und Menschenrechte gekämpft. Die Unterdrückung war nie so vollständig wie in anderen Ländern Afrikas und der übrigen Welt. Immer wieder gab es neue Ansätze von Republik. Fela Kutis Protestsong (M 4.28) aus der Zeit der Militärdiktatur zeigt die Existenz eines starken, mutigen und populären Widerstands gegen die Missstände des Landes. (Viele CDs Fela Kutis sind unter dem Label *edition barbarossa* erhältlich.) Allein dass die weitaus meisten Staaten Afrikas das politische Erbe Europas trotz seiner absurden Grenzziehungen und ökonomischen Abhängigkeiten akzeptiert und damit der Welt endlose Kriege im kontinentalen Maßstab erspart haben, stellt eine außerordentliche Leistung dar. Die Möglichkeiten, die in den konsensualen, nichtdiktatorischen und potenziell demokratischen Formen afrikanischen Konfliktaustrags liegen, kann man mit M 4.26, dem Fazit des Afrikanisten L. Harding, entwickeln.

3. Ein abschließendes Papier der Schülergruppen kann die Form eines nachträglichen Leserbriefs an den SPIEGEL haben, kann ein Leserbrief „in Reserve" sein, ein knappes darstellendes Schulbuchkapitel oder ein Erinnerungsartikel zu einem Jahrestag. Zu erinnern gibt es immer etwas:

2002: 35. Jahrestag des Beginns des Biafrakriegs
2003: 100. Jahrestag der Eroberung von Sokoto und Errichtung des Protektorats von Nordnigeria und 40. Gründungstag der OAU (Organisation für afrikanische Einheit)
2004: 90. Jahrestag der Bildung der Kolonie Nigeria und 5. Jahrestag der Rückkehr zur Demokratie unter Ex-General Obasanjo
2005: 55. Jahrestag der Unabhängigkeit Nigerias und 35. Jahrestag des Endes des Biafra-Kriegs
2006: 40. Jahrestag des Endes der 1. nigerianischen Republik
2007: Mit dem 40. Jahrestag des Beginns des Biafrakriegs beginnen die Fünfer-Intervalle neu.
2010: 50. Jahrestag der Unabhängigkeit Nigerias

Auch Geburtstage gibt es zu feiern:
2004: Wole Soyinkas 70. und Azikiwes 100.
2005: Achebes 75.
2008: Fela Kutis 70.

Kursarbeiten und Facharbeiten

Obwohl das Material des Arbeitsbuchs über Afrika so umfangreich ist, dass es nur in wenigen Kursen ganz genutzt werden kann, ist man als Lehrer doch für zusätzliche Angebote dankbar. Die folgenden Texte und Bilder eignen sich für mehrere Zwecke. Man kann einige thematische Aspekte damit abdecken, die sich aus didaktischen Gründen geradezu anbieten. Die Materialien Z1-Z5 eignen sich zu einer genaueren Betrachtung der Frage der mündlichen Überlieferungen und besonders für eine kritische Untersuchung von Jacob Egharevbas *Short History of Benin.* Sehr hilfreich für einen kulturgeschichtlichen Vergleich Afrikas mit dem antiken Europa sind die Materialien Z 6-Z 10, die Mythen gegenüberstellen. Für Kollegen, die den sozialwissenschaftlichen Aspekt intensivieren möchten, bieten Z 31-Z 33 Materialien zu Klientelstrukturen in Lagos, die die Texte im Arbeitsbuch unmittelbar erweitern.

Zugleich bieten sich in den Zusatzmaterialien zumindest Ansätze für Fach- und Jahresarbeiten, wie sie in vielen Bundesländern inzwischen gefordert werden. Wenn Schüler sich dafür motivieren lassen, kann man über die Fernleihe der Büchereien weiteres Material besorgen. Wenn Sie frühzeitig Kopien zumindest der 4. Auflage von Egharevba: A *Short History of Benin* (Lagos 1968), von J.W. Blake: *Europeans in West Africa 1450-1560* (London 1967) und von R. E. Bradbury: *Benin Studies* (London 1973) angelegt haben, verfügen sie schon über einen gewissen Materialvorrat. Vielfältig verwendbar ist auch das Themenheft *Altes Afrika* der Zeitschrift *Geschichte lernen* (Heft 44, Friedrich-Verlag, Seelze 1995). Eine ergiebige Informationsquelle auch zu Afrika ist das Internet, wozu die dortige *academic community* sehr viel beiträgt. Wer z. B. bei der *University of Nsukka*, der ältesten Hochschule im Gebiet der Ibo, sucht, wird von der Fülle des Angebots überrascht sein.

Die Zusatzmaterialien in diesem Heft sind auch für Kursarbeiten gedacht. Allerdings zeichnet sich in neuen Richtlinien eine Tendenz ab, neben der Text- und Bildinterpretation auch freie Darstellungen zuzulassen oder gar zu fördern. Angesichts der Schwierigkeit des Gegenstandes Afrika wird es wohl nie an sinnvollen und anspruchsvollen Klausurthemen fehlen. Die Taxonomien nach dem Vorbild von Benjamin Bloom erwecken zwar immer den Eindruck, dass Darstellung nur Reproduktion und daher von geringerem intellektuellem Rang als andere kognitive Leistungen sei. Tatsächlich aber ist die Darstellung eines komplexen Sachverhalts keine mnemotechnische Leistung, sondern verlangt neben der Kenntnis von umfangreichem und vielfältig strukturiertem Sachwissen eine selbstständige Beherrschung und geistige Durchdringung komplizierter Denkmuster und die entsprechenden Fähigkeiten der Darstellung. Das gilt umso mehr, als sich das Sachverständnis mit unterschiedlichen Perspektiven und alternativen Interpretationsmustern verbindet. Bei manchen dieser Aufgaben wird man den Schülern bei der Klausur sogar erlauben, das Arbeitsbuch zu verwenden, wogegen wohl nur derjenige Bedenken hegen kann, der eine zu geringe Meinung von der zu erbringenden Leistung hat. Je komplizierter und detailgenauer die Arbeit sein muss, desto unerlässlicher ist es, dass der Schüler Texte und Bilder vorliegen hat. Denkbar sind sowohl analysierende als auch synthetisierende Aufgabenstellungen:

Untersuchen Sie die Bedeutung des Begriffs „König" für ein europäisches Publikum und prüfen Sie, inwieweit man ihn auf den *Oba* von Benin anwenden kann! (Beachten Sie dabei neben seinen politischen auch seine magischen Funktionen!)

Stellen Sie die politische Ordnung des Benin-Reichs als eine Verfassung dar.
(Nach Bedarf und methodischer Übung kann man dies feiner differenzieren:)
Vergleichen Sie dabei die Perspektive der *Oba*, wie sie sich in den Bronzereliefs S. 32 f. zeigt mit der „des Volks", wie sie in Egharevbas *Short History of Benin* erscheint, und filtern Sie aus der Geschichte Benins die politischen Muster heraus, die die beiden Seiten miteinander zu einem relativ funktionsfähigen Ganzen verbinden!

Vergleichen Sie die Normen und Sanktionsmechanismen, mit denen der Rechtsfrieden im historischen Umuofia gesichert wurde, mit denen in Benin und denen im modernen Europa.

Stellen Sie den historischen Prozess dar, der aus Ibo-Gemeinden ohne institutionelle Herrschaft den Staat der Republik Biafra werden ließ. Beachten Sie dabei gleichermaßen die afrikanischen wie die europäischen Faktoren!

Materialgebundene Aufgabenstellungen sind natürlich auch weiterhin möglich und reizvoll. Dazu kann man ganz oder teilweise auf Texte und Bilder aus dem Arbeitsbuch zurückgreifen – besonders auf solche, die man im Unterricht nicht behandeln konnte. Die Zusatzmaterialien Z 1-3 schaffen die Basis für einen Vergleich der 4. mit der 1. Auflage von Egharevbas *Short History of Benin* sowohl im Hinblick auf Natur und Funktion der mündlichen Überlieferung als auch hinsichtlich ihrer Situation und Verwendung in den politischen Konflikten des 20. Jahrhunderts, wobei die Behandlung des Teils 4 des Arbeitsbuchs Voraussetzung ist.

Wenn Sie das Thema Afrika dauerhaft in Ihre Arbeit aufnehmen wollen, empfiehlt es sich, längerfristig einen Vorrat an Materialien anzulegen: In modernen Antiquariaten finden Sie häufig Bildbände zur afrikanischen Kunst und in vielen davon wird Benin breit berücksichtigt. Achten Sie aber möglichst streng darauf, dass das Material für den Unterricht nicht ausufert: Gehen Sie am besten nicht über den Rahmen Nigerias hinaus – auf keinen Fall über den Westafrikas, da sonst das Risiko von falschen Analogieschlüssen wächst. Verwenden Sie nach Möglichkeit nur Bildmaterial mit Texten, die den Schülern wenigstens eine Basisorientierung und eine Einordnung in das im Unterricht Erworbene ermöglichen.

Es ist eine reizvolle Aufgabe, nach und nach eine Sammlung an afrikanischer Literatur anzulegen – möglichst auch auf Englisch. Chinua Achebes *Okonkwo oder Das Alte stürzt* sollten Sie in mehreren Exemplaren, wenn möglich als Kurssatz verfügbar haben. Wann immer Werke von Wole Soyinka auf Deutsch vorliegen, sollten Sie „auf Vorrat" zugreifen, weil das Angebot immer nur dürftig ist. Soyinkas Englisch ist sehr anspruchsvoll und die Originaltexte können nur von den wenigsten Schülern selbstständig gelesen werden. Seine Kindheitserinnerungen *Ake* sind ein wunderbares Buch und eine großartige Quelle für Nigeria in den 1930er- und 1940er-Jahren. Wenn man die Arbeit auf die Welt der Yoruba ausdehnen möchte, was mit Benin als Basis auch von Schülern selbstständig zu leisten ist, kommt man mit Soyinka sehr weit!

Zusatzmaterialien

Die Materialien sind so gruppiert, dass jeweils eine oder mehrere aufeinander folgende Seiten einen thematischen Block ergeben.

Die widersprüchlichen Überlieferungen der frühen Geschichte des Benin-Reichs

Afrikanische und europäische Mythen

Glaube und Riten in der Welt der Ibo

Frühe europäische Berichte über Benin

Informationen zu den Yoruba-Städten

Der afrikanische Blick auf den Weißen Mann

Klientelstrukturen in Lagos

Zur Abschlussdebatte

Z 1 - 1934/36 - Der Beginn der Geschichte Benins in der 1. Auflage von Jacob Egharevba, *A Short History of Benin*

KAPITEL 1 - DIE ERSTE EPOCHE -
DIE GRÜNDUNG DES BENINREICHS - *OGISO*

Vor vielen Jahren schickte Odua (Oduduwa) von Uhe (Ile Ife), der Vater und Ahne der Yorubakönige, seinen ältesten Sohn Obagodo, der den Titel eines *Ogiso* annahm, mit einem großen Gefolge auf den langen Weg von Uhe [nach Benin], damit er in diesem Teil der Welt ein Königreich gründe. Als er abreiste, gab ihm sein Vater einen Zauber in Gestalt eines Schneckengehäuses mit, das etwas Erde enthielt und ihm unbegrenzte Macht und Rechte in den Gebieten verleihen würde, die unter seine Herrschaft kamen. Von dort her rührt die Macht, die seither jeder *Oba* von Benin als Herr und Eigentümer des Landes besitzt. Das Schneckengehäuse mit Erde wurde später in Bronze nachgebildet und im königlichen Palast als Zeichen und Beweis dieser Tatsache für die Nachwelt aufbewahrt.

Die Regierung des *Ogiso* war eine Kette von schlechter Regierung, Scheitern und Angst. Man behauptete zum Beispiel von ihm, dass er nie eine Ratsversammlung einberief außer in Zeiten von Krisen und Unruhen. Ärger in seinem Haushalt vermehrte seine Schwäche. Er hatte viele Frauen, aber nur eine gebar ihm einen Sohn, und die übrigen beschwerten sich, da sie keine Kinder bekamen. Wegen ihrer dauernden Sorgen sah sich der *Ogiso* gezwungen, Esagho, seine Hauptfrau, allein loszuschicken, um für ihn das Orakel nach der Ursache der Unfruchtbarkeit zu befragen, denn damals glaubten noch alle, dass das Orakel die Quelle der Offenbarung des göttlichen Willens sei, so wie auch viele das noch heute glauben.

[Das Orakel bezeichnete Esagho als Quelle allen Unglücks und verlangte ihren Tod; die aber berichtete, der einzige Sohn sei als Ursache aller Probleme bezeichnet und zum Tode bestimmt worden. Das führte zu wachsenden Verwicklungen. Der Sohn flüchtete aus Benin und der *Ogiso* starb ohne einen Nachfolger.]

Nach dem Tod des *Ogiso* gab es viele Jahre lang ein Interregnum und folgende Führer des Volkes führten eine republikanische Herrschaft ein: Ere, Orire, Akhuankhuan, Ekpigho, Oria, Emose, Orhorho, Obioye, Adgho, Evian und sein Sohn Ogiamwen.

KAPITEL 2 - DIE ANKUNFT DES PRINZEN ORANMIYAN - DER BEGINN DER ZWEITEN EPOCHE (UM 1170)

Die Regierung der republikanischen Herrscher und besonders die von Evian und Ogiamwen war unbefriedigend. Die Dinge entwickelten sich zunehmend schlimmer und das Volk sah einen großen Bedarf nach einem fähigen Herrscher. Man schickte daher Gesandte nach Uhe [Ile Ife], die darum baten, einen weisen Prinzen zu schicken, der der Herrscher [von Benin] sein könnte. Die flehentlichen Bitten hatten die gewünschte Wirkung; man schickte den Prinzen Oranmiyan, der von Höflingen begleitet wurde, darunter dem Zauberer Ogiefa. Es gelang ihm, Benin City zu erreichen, nachdem er am Ovia-Fluss großen Ärger mit den Fährleuten gehabt hatte.

[Der anschließende Bericht über Oranmiyans Schwierigkeiten in Benin, seinen Rückzug und die Regelung der Nachfolge erscheint unverändert in der 4. Auflage von 1968. Der Bericht über Oranmiyans Sohn Eweka ist 1934/36 viel ausführlicher, geht sehr detailliert auf die Schaffung der Ämter der Uzama Nihinron ein und endet mit einer positiven Wertung Ewekas.]

J. Egharevba: A Short History of Benin. (Church Missionary Society Bookshop) Lagos 1936. S. 7 ff.

Z 2 - 1968 - Der Beginn der Geschichte Benins in der 4. Auflage von Jacob Egharevbas *History*

DIE ERSTE EPOCHE

Vor vielen, vielen Jahren kamen die Binis [= die Edo] den langen Weg von Ägypten, um nach einem kurzen Aufenthalt im Sudan und in Ile Ife, das die Benin-Leute Uhe nennen, [in Benin] eine sichere Heimat zu finden. Bevor sie hierher kamen, schickten die Benin-Leute von Ile Ife aus eine Gruppe von Jägern voraus, um das Land zu erkunden, und ihr Bericht war sehr günstig. Die Überlieferung berichtet, dass sie in diesem Land Menschen fanden, die schon vor ihnen da gewesen waren. Man sagt von ihnen, dass sie nach und nach aus Nupe und dem Sudan eingewandert waren.

Über ein Jahrhundert lang lag die Herrschaft im Land in den Händen verschiedener Führer. Dieses Reich der ersten Epoche oder Dynastie wurde um 900 gegründet. Vor der Ankunft Oduduas und seines Gefolges aus Ile Ife im Yorubaland (ungefähr im 12. Jahrhundert der christlichen Ära) wurden die Herrscher oder Könige [Benins] allgemein als *Ogiso* bezeichnet.

[An dieser Stelle schließt M 2.2 an, die Geschichte von Igodo und seinem Sohn Ere.]

Nach Eres Tod wurde das Land nacheinander von folgenden Fürsten und Fürstinnen regiert: Orire, Akhuankhuan, Ekpigho, Oria, Emose, Orhorho, Oriagba, Odoligie, Uwa, Hennenden, Obioye, Arigho und Owodo. Emose und Orhotho waren Frauen; Orhorho war eine böse Königin und wurde daher auf dem Wege nach Omi, dem Heimatdorf ihrer Mutter, getötet. Unter dem Ogiso Hennenden herrschten Ruhe und Wohlstand, und die Bevölkerung wuchs.

Die Regierung Owodos, des letzten Ogiso, war eine einzige Folge von schlechter Regierung, Scheitern und Furcht.

[Die Fortsetzung ist weitgehend identisch mit dem Schicksal des Ogiso in der 1. Auflage (Z 1), allerdings wird er jetzt von seinem Volk in einem Aufstand entmachtet und verbannt; zur Wahrnehmung seiner politischen Aufgabe setzt das *Volk Evian ein, dem jedoch die sakralen Herrscherweihen fehlen. Evians weiteres Schicksal stellt M 2.3 dar.]

J. Egharevba: A Short History of Benin. Lagos [4]1968. S. 1 ff.

Z 3 – 1953 – Die Darstellung Eres in der 3. Auflage der *Short History*

Unter der Herrschaft Eres kam es zu vielen Verbesserungen des Lebens. Er gründete viele Dörfer wie Ego, Erua u. a. und [führte] Gegenstände wie hölzerne Teller, hölzerne Schemel, Mörser und Stampfer [ein]. Auch Eisen- und Töpferarbeiten wurden ausgeführt. Ere starb friedlich nach einer erfolgreichen Regierungszeit.

Zit nach: S. Eisenhofer: The Origin of Benin Kingship in the Works of Jacob Egharevba. History in Africa 22, 1995. S. 144.

Z 4 – Die Anfänge des Benin-Reichs nach den ersten schriftlichen Aufzeichnungen mündlicher Überlieferungen durch Europäer

A – 1897 (Roupell)

Die Menschen dieses Landes [Benin] baten in Ufe [Ile Ife] im Yorubaland um einen König. Man schickte ihnen Eweka. Der kam mit wenigen Leuten nach Benin City; er trat in diesem Land leise, ganz leise auf. Wenn die Leute schwach waren, griff er sie an und unterwarf sie; waren sie stark, sprach er listig mit ihnen. Eweka und seine Männer ließen sich nieder und nahmen die Töchter [der Leute in Benin] zu Frauen.

Zit nach: S. Eisenhofer (Z 3). S. 148 f.

B – 1926 (P. A. Talbot)

Nach der Überlieferung war der erste König des Landes Igudu. Ein Yoruba-*Chief* namens Erhe, angeblich der [Oni]von Uhe [Ile Ife], kam mit einem kleinen Gefolge dort an, erlangte aber nicht viel Macht. Auch sein Sohn machte nur geringe Fortschritte und kehrte ca. 1300 nach Ile Ife zurück. Der [Oni] von Ife schickte einen weiteren Sohn namens Orhamiyan, der von einem großen Gefolge begleitet war. Er lebte drei Jahre lang in Use [auf dem Gebiet von Benin City], bevor er nach Ife zurückkehrte.

Zit. nach: G. A. Akinola: The Origin of die Eweka Dynasty of Benin. Journal of the Historical Society of Nigeria 8,1976. S.22.

Z 5 – Darstellung von Geschichte auf einem geschnitzten Elefantenzahn

Zu den Zeichen der Autorität der *Oba* gehörten auch geschnitzte Elefantenstoßzähne, die zugleich eine der Darstellungsformen der Geschichte Benins sind. Die Zunft der Elfenbeinschnitzer existiert noch heute; ihre Mitglieder können die historischen Schnitzereien präzise „lesen". (Die Leserichtung geht von unten nach oben.)

VI – Dienerin – **Königsmutter Idia** – Amtsträger
V – Krieger – ***Oba* Ozuola** (Vater von Esigie) – Krieger
IV – ***Oba*** oder der Wassergott **Olokun** mit Stützfiguren, rechts: zwei Zitterfische, die dem Olokun heilig sind, zu Füßen zwei Leoparden als Herrscherzeichen
III – christl. Missionar – ***Oba* Esigie** – Diener, rechts: "die Hand mit der Stärke des Elefanten"
II – Benin-Priester – ***Oba* Ohen (?)** – portugies. Amtsträger
I – portugies. Kaufmann – **Amtsträger des *Oba*** – portugies. Soldat, rechts: Giftschlange und verzauberter Vogel

B. W. Blackmun: Art as Statecraft. (Musée Barbier-Müller) Genève 1984. S. 5 und 25.

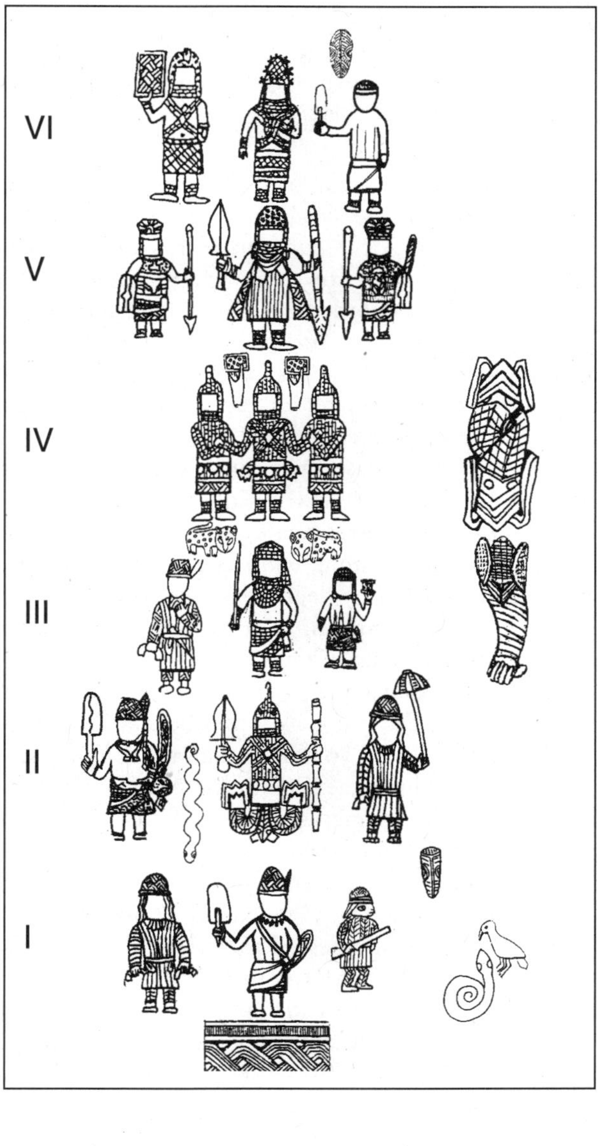

Z 6 – Der *Ovia*-Mythos in Benin

Schon früher stießen wir, als wir das Heilige und das Herrschertum untersuchten, auf den Mythos. Wir konnten verallgemeinern, dass das Leben in Afrika bis in unsere Gegenwart hinein von Mustern des Denkens und Handelns geprägt ist, die sich radikal von der Rationalität unterscheiden, die das moderne Europa als seine große Errungenschaft ansieht. Der Mythos, der Bericht von der Erschaffung der Welt und ihrer Frühzeit als einem Ereignis zwischen Göttern und Menschen, ist aber keine afrikanische Erfindung, sondern wahrscheinlich eine allen historischen Kulturen gemeinsame Weise, die Welt zu erzählen und zu erklären. Griechen und Römer, Kelten und Germanen und letztlich auch das Christentum dachten in Mythen. Vielleicht setzt sich ein mythisches Denken, ohne dass wir uns dessen voll bewusst sind, bis in die Gegenwart der biotechnologischen Gesellschaft fort – als Vorstellung von einer Natur, die der Mensch unbegrenzt zu seinem eigenen Nutzen ausbeuten und manipulieren kann.

Das Denkmuster des Mythos bietet uns eine Chance, auch sehr fremde Kulturen miteinander zu vergleichen, treten doch auch in entfernten Welten erstaunlich ähnliche Geschichten auf. Eines dieser Muster ist das der Gefährdung der Würde der liebenden Frau. Der britische Ethnologe Robert Bradbury (1924-1973) beobachtete und untersuchte 1953 in Ekho, einem Dorf 25 km östlich von Benin City und 50 km vom Fluss Ovia (heutiger Name Osse) entfernt, den Ovia-Kult und seine mythischen Wurzeln. Der Ovia-Kult hat sich bei seiner Ausbreitung in den Dörfern Benins vielfältig differenziert. Überall ist Ovia ein göttliches Wesen und gewöhnlich der Schutzgeist des Dorfs. Der Mythos wurde in Ekho folgendermaßen erzählt:

Ovia war ein sehr schönes Mädchen, das vor langer Zeit in Uhan lebte. Viele Männer suchten sie zu heiraten, aber als sie noch sehr jung war, hatte sie ihren Eltern gesagt, dass sie nur einen König heiraten werde. Als sie alt genug geworden war um zu heiraten, besuchte der König von [der Yoruba-Stadt] Oyo den König von Benin, wo er von Ovias Schönheit hörte. Daraufhin kam er zu ihrem Vater und bat um ihre Hand, und ihr Vater stimmte zu.

Als die Zeit kam, dass Ovia zu ihrem Mann ziehen sollte, nahm ihr Vater einen Krug, einen Hund und einen Papagei und behandelte sie mit Zaubermitteln, damit Ovia sie mitnahm, denn er sah voraus, wie die Ehe enden würde. Er sagte ihr, dass, wenn ihr Mann sie jemals schlecht behandeln würde, sie durch den Topf verschwinden und nach Hause zurückkehren sollte.

Seit ihrer Kindheit hatte Ovia immer nur ein weißes Tuch getragen, das mit scharlachfarbenem Stoff abgesetzt war. Als sie in Oyo ankam, nahm der König ihre Schönheit und ihre feine Kleidung wahr und machte sie zu seiner Lieblingsfrau; er ließ eine besondere Tür zwischen seinem und ihrem Zimmer anlegen, sodass er sie jederzeit besuchen konnte.

Bald wurden die anderen Frauen des Königs eifersüchtig auf Ovia, und die Erste Frau bereitete eine Intrige vor, um Streit zwischen Ovia und dem König auszulösen. Sie versammelte die anderen Frauen, um mit ihnen in den Wald zu gehen und Schnecken zu suchen. Listigerweise gab sie allen außer Ovia den Auftrag, Körbe mitzunehmen, um die Schnecken darin nach Hause zu tragen. Als sie alle nach Hause gehen wollten, sammelten alle ihre Schnecken in den Körben, nur Ovia musste ihre in ihr Kleid legen, und das wurde von dem Schleim der Schnecken schmutzig.

Als sie den Königspalast erreichten, eilte die Erste Frau zu ihrem Mann und sagte ihm, dass Ovia die Krankheit *ite* habe, die sie ständig menstruieren ließe. Sie warnte ihn, dass er erkranken würde, wenn er weiterhin mit ihr schliefe. Der König ließ Ovia herbeirufen und ihre Kleidung ablegen. Als er sah, dass ihr Kleid beschmutzt war, war er überzeugt, dass seine Erste Frau die Wahrheit gesagt hatte. Die anderen Frauen lachten Ovia aus und verspotteten sie. Ovia rannte fort und schloss sich in ihrem Zimmer ein.

Abends, als er sie wie üblich besuchen wollte, tat es dem König leid um Ovia und er ging, um nach ihr zu schauen. Als sie ihm nicht öffnen wollte, brach er die Tür auf und sah gerade, wie Ovia sich in Tränen auflöste und in den Krug verschwand. So wurde Ovia ein Fluss, der aus dem Harem heraus und zu ihrem Vater in Uhan floss.

R. E. Bradbury: Village Community Cults. In: Benin Studies. London 1973. S. 185 f.

Der Ovia-Kult wurde in allen Edo-Dörfern nicht von den Frauen, sondern von den Männern getragen. Im Abstand von mehreren Jahren zog sich die Mehrheit der Männer eines Dorfes unter der Leitung von zwei Priestern für sechs Wochen in ein Lager im Walde zurück. Sie durften in dieser Zeit Frauen nicht einmal sehen und waren mit überaus komplizierten Übungen beschäftigt, die Rituale des Sterbens, der Wiedergeburt und der Reinigung enthielten. Auch nach dem Ende der sechs Wochen und der Rückkehr ins Dorf durften die Männer erst nach längeren, weitere Tage ausfüllenden Zeremonien wieder in die Arme ihrer Frauen zurückkehren. Man kann sich nicht des Eindrucks erwehren, dass der Kult zwar ein Kult der Männern war, sich aber auf die Frauenrolle bezog und diese durch eine Phase männlicher sexueller Askese aufwertete.

Der Ovia-Kult war zu Beginn der 1950er-Jahre bereits im Verschwinden begriffen. Seine Darstellung bei dem britischen Forscher Bradbury ist ein faszinierendes Stück Ethnologie. Sie umfasst 20 Seiten Text und dies könnte ein spannendes geschlechtergeschichtliches Thema einer Gruppen- oder Jahresarbeit sein.

Z 7 – Die griechische Mythe von Daphne

Die Würde der Frau ist auch ein häufiges Thema griechischer Mythen; Rettung kann eine Metamorphose sein (Verwandlung in ein Wesen der Natur). Daphne, Tochter eines Flussgottes und Enkelin der Gäa (Erde!), will nach dem Vorbild der Artemis (in Rom Diana) als eine freie Frau ohne Bindungen an einen Mann leben; sie weist sogar den Gott Apollon (bei Ovid Phoebus) zurück. Als dieser sie verfolgt und in einer einsamen Landschaft einholt, ruft sie den Vater um Rettung an. Der verwandelt sie in einen Lorbeerbaum. Wie bei den Afrikanern ist auch bei den Griechen die Überlieferung der Mythen von Ort zu Ort stark differenziert. Der römische Dichter Ovid erzählt in seinen „Metamorphosen“:

„Hilfe, o Vater“, ruft sie, „ihr Ströme habt göttliches Wesen:
O, so verwandle mich! Nimm die Gestalt, die der Kränkung mich preisgibt!“
Kaum hat sie solches gebetet, da fällt eine schwere Lähmung
Ihr auf die Glieder, die schwellende Brust überzieht sich mit feiner
Rinde; die Haare wachsen zu Blättern, zu Zweigen die Arme;
Auch die Füße, soeben so rasch noch, sie hängen in trägen
Wurzeln, das Haupt wird Wipfel; was bleibt, ist die glänzende Schönheit.
Phoebus - er liebt auch den Baum -, er legt an den Stamm seine Rechte;
Unter der Rinde, der neuen, spürt er noch immer des Herzens
Flatternden Schlag. Da umschlingt er die Zweige wie Glieder mit seinen
Armen und küsst das Holz, das jetzt noch vor den Küssen zurückbebt.

Publius Ovidius Naso: Metamorphosen. Übers. H. Breitenbach. ©1958 Patmos Verlag GmbH & Co. KG/Artemis & Winkler Verlag, Düsseldorf und Zürich. 1. Buch, Vers 545 ff.

Z 8 – Hegel über Kannibalismus in Afrika

Die Neger besitzen daher diese vollkommene Verachtung des Menschen, welche eigentlich nach der Seite des Rechts und der Sittlichkeit die Grundbestimmung bildet. [...] In früherer Zeit hat sich ein Weiberstaat besonders durch seine Eroberungen berühmt gemacht: Es war ein Staat, an dessen Spitze eine Frau stand. Sie hat ihren eigenen Sohn in einem Mörser zerstoßen, sich mit dem Blut bestrichen und veranstaltet, dass das Blut zerstampfter Kinder stets vorrätig sei. Die Männer hat sie verjagt oder umgebracht und befohlen, alle männlichen Kinder zu töten.

G.W.F. Hegel: Vorlesungen über die Philosophie der Geschichte. Sämtliche Werke. Stuttgart 1939. Bd. 11. S. 140 f.

Z 9 – Ein Sohnesopfer bei den Yoruba

Moremi ist eine mythische Figur aus der Frühzeit von Ile Ife, die in manchen Erzählungen als eine der Frauen Oranmiyans (M 2.3) bezeichnet wird. Sie hatte einen Sohn, Olurogbo. Der Sage nach wurde Ile Ife damals oft von den Ibo überfallen, gegen die sie wehrlos waren.

Moremi war entschossen herauszufinden, wer diese Ibo wirklich waren und wie man sie bekämpfen konnte. Zu diesem Zweck ging sie zu einem Bach namens Esinmirin und gelobte dessen Gottheit, ihr das kostbarste Opfer darzubringen, zu dem sie imstande wäre, wenn es ihr gelänge, ihren erfolgreich Plan ausführen. Sie wollte sich bei einem Überfall der Ibo zeigen und fangen und in ihr Land verschleppen zu lassen, wo sie deren Geheimnis am besten erkunden könnte. „Wenn ich dabei zu Grunde gehe,“ sagte sie, „gehe ich halt zu Grunde.“

Beim nächsten Überfall der Ibo führte sie ihren Plan aus und wurde von den Ibo gefangen und verschleppt. Da sie eine Frau von großer Schönheit war, wurde sie mit anderen Gefangenen und sonstiger Beute zusammen dem König übergeben. Ihre Schönheit und Tugend verschafften ihr hohes Ansehen unter den Ibo und ihr Vertrauen. Sie wurde mit ihren Lebensgewohnheiten vertraut und fand ihre Geheimnisse heraus. [Die Ibo-Krieger trugen im Kampf Umhänge aus Gras. Moremi flüchtete zurück zu ihrem Volk, erklärte, wie gut brennbar die „Kampfanzüge“ der Ibo waren und ermöglichte damit den Sieg ihres Volkes über seine Feinde.]

Moremi suchte den Bach Esinmirin auf und bot der Gottheit Lämmer, Böcke und Ziegen als Opfer an, aber die wollte nichts davon annehmen. Moremi bot einen jungen Stier, den die Gottheit gleichfalls zurück- wies, und so bat sie die Priester herauszufinden, was denn ein annehmbares Opfer wäre. Das geschah, und die Gottheit verlangte ihren einzigen Sohn. Da gab sie zur Erfüllung ihres Gelübdes ihren einzigen Sohn Olurogbo als Opfer für die Gottheit her. Alle Menschen von Ile Ife beklagten ihren Verlust und gelobten ihr, ihre Söhne und Töchter zu sein, hatte sie ihren Verlust doch für die Errettung ihres Landes erlitten.

Olurogbo aber war nur halb tot; er fand zum Leben zurück und machte sich ein Tau, mit dessen Hilfe er in den Himmel kletterte. Alle Menschen in Ife glauben bis heute, dass er wieder in unsere Welt zurückkommen wird, um den Lohn für seine guten Taten zu ernten.

S. Johnson: The History of the Yorubas. Lagos 1921. S. 146 ff.

Z 10 – Sohnesmord in den *Bakchen* des Euripides

In der Tragödie „Die Bakchen“ stellte 406 vor Chr. Euripides den Mord dar, den im Mythos die Königstochter Agaue als trunkene Mänade im Kult des Dionysos (Bakchos) an ihrem Sohn Pentheus begeht. Es ist nicht die einzige griechische Mythe, die von Mord, Zerreißung und Verzehr eines Menschen durch andere Menschen handelt.

Da war’s die Mutter, die den Opfermord begann
Und auf den Sohn sich stürzte. Doch er riss vom Haar
Die Binde, das Agaue ihn erkenne und
Ihn nicht ermorde, rührt an ihre Wange dann
Und ruft: „Ich bin es, Mutter, bin Pentheus, dein Sohn,
Den in Echions Hallen du geboren hast.
Erbarm dich mein, o Mutter, ach, ermorde doch
Um seiner Sünde willen nicht den eignen Sohn!“
Agaue rollte schäumend wild das Aug umher
Und dachte nicht mehr, was zu denken ihr geziemte:
Sie ward von Bakchos fortgerafft und hörte nicht.
Mit ihren Armen fasst sie die linke Hand [des Sohns],
Stemmt auf des Unheilvollen Leib mit Macht den Fuß
Und reißt ihm ab die Schulter;nicht durch eigene Kraft,
Der Gott verlieh dem Frauenarme die Gewalt.
Die Glieder ihm zerreißend schafft am andern Teil
Ino, mit allen Bakchen war Autonoë
Beim Werk geschäftig: Alle schrieen in einem Laut.
Pentheus - so lang er atmet - stöhnt in dumpfem Ton.
Die Bakchen jubeln. Einen Arm trug diese fort,
Die samt dem Schuh einen Fuß. Zerfleischt ward ihm
Die ganze Seite: Jede warf der anderen
Mit blutiger Hand wie Bälle Pentheus Glieder zu.

Euripides: Sämtliche Tragödien. Übers. J. J. Donner. Bd. I, Kröners Taschenbuchausgabe 284, 1984, S. 131, Vers 1115 ff., Alfred Kröner Verlag, Stuttgart.

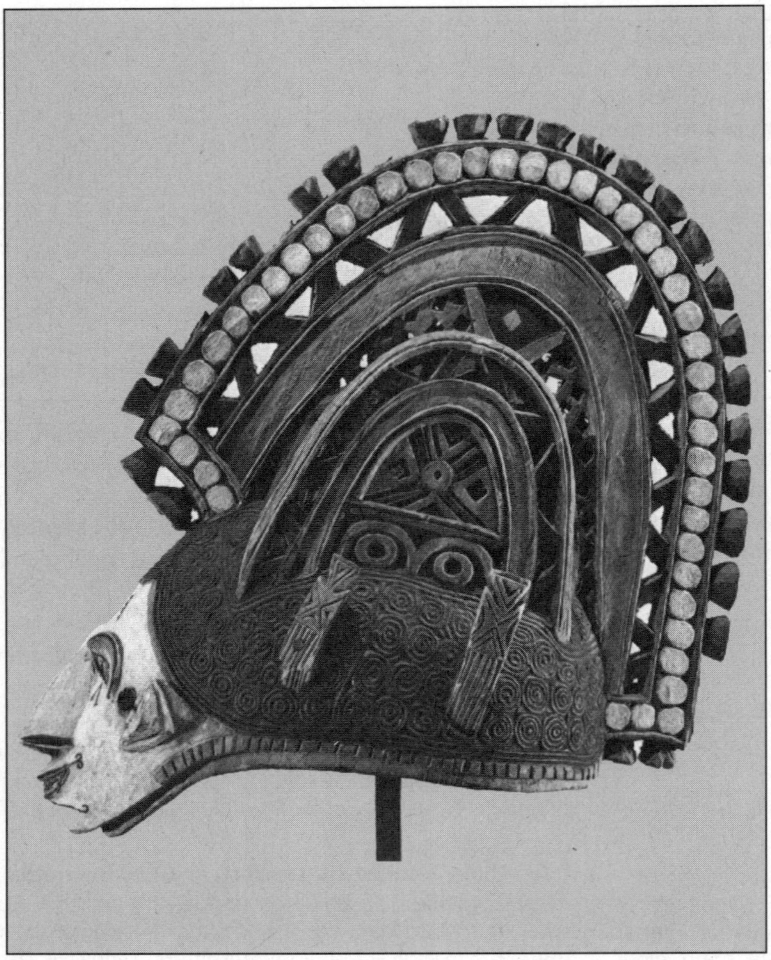

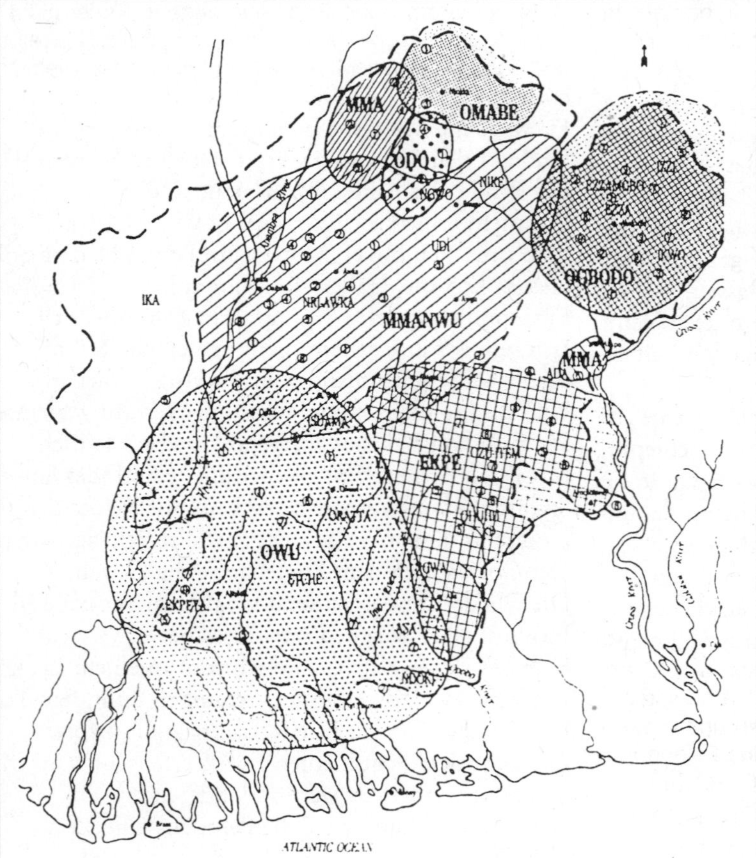

Z11 und Z 12 - Zwei Masken aus der Welt der Ibo
(Aufgabe: Identifikation)

Z 13 - Karte der Maskentypen der Ibo-Gemeinden
Die Flächen zeigen die großen Maskentypen, die kleinen Punkte mit Zahlen lokalisieren Sonderformen. (Es geht hier nur um die Illustration der Masken-Vielfalt in einem kleinen Gebiet, nicht um die Zuordnung im Einzelnen.)

1 – kleine Gesichtsmasken
2 – Masken in Gestalt eines halben Helms
3 – Helmmasken
4 – Masken mit großem Aufsatz
5 – Kopfschmuck mit aufgesetzter voller Figur
6 – Gesichtsmaske mit senkrechtem Aufsatz darauf
7 – Kopfschmuck aus Kopf und Hals
8 – Maske oder Kopfschmuck mit Haut überzogen
9 – waagerechter Kopfschmuck mit Menschen- und Tiermotiven

H. Cole, C. C. Aniakor: Igbo Arts. (Museum of Cultural History, University of California) Los Angeles 1984. S. 120, 134 und vii.

Z 14 – Initiationsritus für Jungen

Initiationsriten gibt es in allen Kulturen. (Es ist zu fragen, ob nicht auch unsere moderne Kultur solche aufweist, die wir vielleicht nicht bemerken.) Diese Riten finden zu einem festen Termin im Jahr statt, manchmal auch nur alle zwei oder drei Jahre; es gehen daraus lebenslang wirksame Bindungen zwischen den Teilnehmern hervor, die Altersgruppen (Arbeitsbuch S. 63). Initiationsriten für Jungen und Mädchen sind strikt getrennt und können Tage, aber auch Monate dauern. Sie prüfen Mut und Reife der jungen Menschen und vermitteln ihnen magisches Wissen, aber auch lebenspraktische Kenntnisse. Der junge Mensch geht aus dem Verfahren als ein neugeborener Mensch hervor: Er ist jetzt ein Erwachsener. Aus Ogidi, nahe Onitsha, berichtet Nwoye Ozala:

In der vorletzten Nacht kurz vor dem Nwafor-Fest gehen Geistermasken in großer Zahl durchs Dorf und erfüllen überall die Luft mit magischen Gesängen. Das ist mitten in der Nacht, und da beginnt einem das Herz zu schlagen. Dein Vater nimmt dich mit zum Haus der Geister, wo es keine Frauen gibt. Dein Herz schlägt heftig, weil du in der Gegenwart der Geistermasken bist, weswegen auch gleich ein feiger Junge zu weinen beginnt. Dein Vater spricht mit dir, holt die Geschenke [Kolanüsse, Tabak, Palmwein für die Geister] hervor und sagt dir, dass du jetzt „durch die Erde hindurchgehen" willst. Drinnen in dem Haus sind die Geistermasken; da [der Sprecher zeigt auf die Stelle] sitzt Akataka, und da die anderen, und die kleineren Geister stehen draußen um das Haus herum und singen im Chor.
Dann wird der Junge herbeigebracht, der als Erster [durch die Erde] hindurchgehen soll; man sagt ihm, dass er Mut haben und auf den Akataka, auf den Großen mit dem Messer, zutanzen soll. Der Junge tanzt und der Akataka holt mit dem Messer aus. Der Junge flüchtet zurück und man drängt ihn wieder vor und sagt ihm, dass der Akataka ihn schon nicht umbringen wird. Du musst dem Akataka die Hand schütteln. Die anderen drängen dich voran, und dann nimmst du deinen ganzen Mut zusammen, um auf den Akataka zuzutanzen, denn du weißt ja, dass du das auch wissen willst, was dein Vater weiß. Am Ende tanzt du doch an den Akataka heran und schüttelst seine Hand und dann die Hände der anderen Geister. Sie versuchen dich einzuschüchtern, aber mit Mut bewegst du dich von einem zum andern. Wenn du durch bist, beginnen sie im Chor zu deklamieren: „Das Seil der Maskengeister hat ihn gehalten, hat ihn gebunden." Dazu wiederholt der Chor: „Hat ihn gehalten, hat ihn gehalten." Dann packt dich der Akataka und trägt dich in einen vorbereiteten Raum. Der Boden ist mit Kassavablättern bedeckt.• Da musst du still liegen bleiben, mit nichts als einem Lendenschurz bekleidet. [...]
Dann kommen Begleiter [der Geister] und schleppen dich tief in den Busch. Da musst du bis zum ersten Hahnenschrei still warten – auf das Erscheinen des großen Geistes und auf den Moment, in dem er die Stille bricht und erscheint, dieser große Geist, der dich gefressen hat. Jetzt hat er dich ausgekotzt, ausgespuckt. Jetzt singen die Geister und die Schwirrhölzer.•• Dann führen sie dich zum Haus der Geister zurück; da wird Wasser herbeigebracht und der Junge wird saubergewaschen.••• Jetzt schreien sie voll Stolz ihren Gesang *oja onu*. Du ziehst ins Dorf und mit dem *oja-onu*-Geschrei von Gehöft zu Gehöft, und die Leute geben dir Sachen und Geld, denn du bist ja durch eine schwierige Prüfung gegangen, durch eine Feuerprobe.
Dann [am Tag nach dem Nwafor-Fest] kehrst du zum Haus der Geister zurück um „den Geist kennen zu lernen". Du schwörst Akataka und den anderen einen Eid, dass du das Geheimnis nie verraten wirst und nie mit einer Frau oder einem Nichteingeweihten darüber sprechen wirst. Dann nehmen sie die *medicine*, auf die du deinen Eid geschworen hast, und berühren damit deinen Kopf, was heißt, dass du die Folgen eines Vergehens auf deinen Kopf herabziehen wirst. Dann beginnt der Akataka einen Ringkampf mit dem Novizen, und dabei fällt er hin, als ob der Junge ihn geworfen hätte. Wenn das geschieht, geht jeder weg und lässt die beiden allein; du beginnst zu zittern, denn du hast einen Geist niedergeworfen, einen *mmuo*. Dann muss der Junge dem Geist wieder auf die Beine helfen, der sich dabei zu erkennen gibt. Jetzt ist der Novize zu einem „Kind des Geistes" geworden; er „kennt den Geist" und darf den Geistermasken folgen.

H. M. Cole and C. C. Aniakor: Igbo Arts. (Museum of Cultural History) Los Angeles 1984. S. 112 f.

• In Kassavablätter werden die Toten eingewickelt!

•• *Bullroarer* sind hohle Holzstücke oder Knochen, die an einer Schnur im Kreis geschwungen Töne hervorbringen; sie sind in vielen Teilen der Welt magische Instrumente, die als die Stimmen von Geistern gelten.

••• Das Neugeborene wird gewaschen!

Z 15 – Ein Gespräch zwischen den Religionen

Chinua Achebe lässt in seinem Roman *Things fall apart* Akunna, einen alten Ibo, mit dem Missionar Brown zu Gesprächen über den Glauben zusammentreffen:

„Du sagst, es gebe nur einen einzigen allmächtigen Gott, der Himmel und Erde geschaffen hat", sagte Akunna bei einem von Herrn Browns Besuchen. „Auch wir glauben an einen Gott und nennen ihn Chukwu. Er hat die ganze Welt und alle anderen Götter geschaffen." „Es gibt keine anderen Götter", sagte Herr Brown. „Chukwu ist der einzige Gott und die anderen sind Götzen. Du schnitzt ein Stück Holz zurecht – wie dieses hier", er zeigte auf die Deckenbalken, von denen Akunnas *Ikenga* hing, „und nennst es einen Gott. Aber es bleibt ein bloßes Stück Holz."
„Ja", sagte Akunna, „es ist tatsächlich ein Stück Holz. Aber der Baum, von dem es stammt, wurde wie alle niederen Götter von Chukwu erschaffen. Er ernannte sie zu seinen Abgesandten, damit wir uns ihm durch sie nähern können. Es ist dasselbe wie mit dir. Du bist das Oberhaupt deiner Kirche."
„Nein", widersprach Herr Brown. „Das Oberhaupt meiner Kirche ist Gott selbst."

„Ich weiß", sagte Akunna, „aber es muss auch in dieser Welt ein Oberhaupt geben. Jemand wie du muss das Oberhaupt hier sein."
„Das Oberhaupt meiner Kirche in diesem Sinne befindet sich in England."
„Genau das sage ich ja. Das Oberhaupt deiner Kirche ist in deinem Land. Er hat dich als seinen Abgesandten hierher geschickt. Und du hast wiederum deine eigenen Abgesandten und Diener ernannt. Oder lass mich ein anderes Beispiel nennen, den *District Officer*. Er wurde von deinem König entsandt." – „Die haben eine Königin", sagte unaufgefordert der Dolmetscher. – „Deine Königin schickt ihren Abgesandten, den *District Officer*. Der stellt fest, dass er die Arbeit nicht allein bewältigen kann, und so ernennt er die *kotma*, die ihn unterstützen. Mit Gott oder Chukwu ist es dasselbe. Er ernennt untergeordnete Götter, weil seine Arbeit für einen Einzigen zu viel ist."
„Du musst ihn dir nicht als Menschen vorstellen", sagte Herr Brown. „Nur aus dem Grund glaubst du nämlich, dass er Helfer braucht. Und das Schlimmste ist, dass ihr alle Verehrung den falschen Göttern zuwendet, die ihr selbst erschaffen habt."
„Das stimmt nicht. Wir bringen zwar den untergeordneten Göttern Opfer, aber wenn sie versagen und es niemanden sonst gibt, an den wir uns wenden können, gehen wir zu Chukwu. Das ist gut so. Wir nähern uns einem großen Mann durch seine Diener. [...] Es sieht nur so aus, als ob wir den untergeordneten Göttern mehr Aufmerksamkeit schenken, doch das ist nicht der Fall. Wir nehmen sie mehr in Anspruch, weil wir Angst haben, Chukwu zu belästigen." [...]
„Da hast du etwas Interessantes gesagt", meinte Herr Brown. „Ihr habt Angst vor Chukwu. In meiner Religion ist Chukwu ein liebender Vater und die Seinen Willen tun brauchen ihn nicht zu fürchten."
„Aber wir [Afrikaner] müssen Ihn fürchten, weil wir Seinem Willen nicht gehorchen", sagte Akunna. „Und wer kennt schon Seinen Willen? ER ist unfassbar!"

Chinua Achebe: Okonkwo – oder das Alte stürzt. es 1138 (© Suhrkamp) Frankfurt 1983. S. 197 f.

Z 16 – 1934/36 – Weihnachten bei Nichtchristen

Vom Standpunkt der Dorfsolidarität aus bedeutete die neue Religion, dass die alten Feste, deren Feiern früher das ganze Dorf vereinigte, jetzt zu einem großen Teil dem alten, heidnischen Teil der Einwohner überlassen wurden, sieht man einmal von den Aktivitäten der Frauen ab. Man hörte öfter Bemerkungen wie: „Was soll ich für diese Feier so viel kochen, wenn meine jungen Leute keinen Wert darauf legen zu kommen?" Die soziale Seite eines religiösen Ereignisses pflegte aber doch manchmal von Heiden und Christen gleichermaßen wahrgenommen zu werden, sodass es doch etwas von dem alten Gruppenzusammenhalt erhielt. Andererseits wurden [christliche]Feste wie etwa Weihnachten immer mehr von allen anerkannt, wenn auch vielleicht nur in der Form, dass man den Ahnen ein zusätzliches Huhn opferte.

M. Green: Ibo Village Affairs. London 1946. S. 30.

Z 17 – *Ogbanje* – Kinder oder böse Geister?

Okonkwo liebte Ekwefi, seine dritte Frau, mehr als die beiden anderen. Bevor sie Ezinma gebar, die Okonkwos liebstes Kind werden sollte, obgleich sie „nur" ein Mädchen war, hatte sie neun Kinder verloren.

Ekwefi hatte in ihrem Leben schon viel durchgemacht. Sie hatte zehn Kinder geboren, und neun von ihnen waren gestorben, noch bevor sie drei Jahre alte waren. Während sie ein Kind nach dem andern begrub, verwandelte sich ihr Kummer zunehmend in tiefe Verzweiflung und dann in trostlose Resignation. Die Geburt ihrer Kinder, die der krönende Höhepunkt eines Frauenlebens sein sollte, wurde für Ekwefi zu einer einzigen körperlichen Qual ohne jede Hoffnung und die nach sieben Märkten stattfindende feierliche Namensgebung zu einem sinnlosen Ritual.• Ihre wachsende Verzweiflung kam in den Namen zum Ausdruck, die sie den Kindern gab. Einer davon war ein inbrünstiger Schrei, Onwumbiko – „Tod, ich flehe dich an". Aber der Tod blieb ungerührt. Onwumbiko starb in seinem fünfzehnten Monat. Das nächste Kind war ein Mädchen, Ozoemena – „Möge es nie wieder geschehen". Es starb im elften Monat, und nach ihm starben noch zwei weitere Kinder. Da nannte Ekwefi ihr nächstes Kind herausfordernd Onwuma – „Möge der Tod zugreifen". Und er tat es.
Nach dem Tod von Ekwefis zweitem Kind ging Okonkwo zu einem Medizinmann, der gleichzeitig auch einer der Priester des Afa-Orakels war, um herauszufinden, woran das Kind gestorben sei. Dieser Mann sagte ihm, dass das Kind ein *ogbanje* sei, eines jener Kinder, die von einem bösen Geist besessen sind und nach ihrem Tod in den Schoß ihrer Mutter zurückkehren, um aufs neue geboren zu werden. [...]
Als Onwumbiko starb, bekam er kein traditionelles Begräbnis. Okonkwo hatte noch einen weiteren Medizinmann zu Rate gezogen, der in der ganzen Gemeinde wegen seines großen Wissens über *ogbanje*-Kinder berühmt war. [...]
Nachdem der Medizinmann angeordnet hatte, dass das tote Kind nicht betrauert werden solle, zog er ein scharfes Rasiermesser aus seinem Ziegenlederbeutel, der von seiner linken Schulter herabhing, und begann, das Kind zu verstümmeln. Dann nahm er es mit, um es im „Wald der Dämonen" zu begraben. [...]
Endlich wurde Ezinma geboren, und obwohl sie kränkelte, schien sie entschlossen, am Leben zu bleiben. Zu Beginn nahm Ekwefi Ezinma an wie alle Kinder zuvor – mit resignierter Gleichgültigkeit. Aber als sie weiterlebte und vier, fünf, sechs Jahre alt wurde, kehrte die Liebe in das Herz der Mutter zurück, und mit der Liebe kam die Sorge. Sie setzte alles daran, ihr Kind gesund zu erhalten, und widmete sich dieser Aufgabe mit Leib und Seele. Ihre Mühen wurden belohnt, wenn Ezinma bei bester Gesundheit war und vor Lebenskraft überschäumte wie junger Palmwein. In solchen Augenbli-

• Markt ist bei den Ibo mit Woche gleichbedeutend und die umfasst bei ihnen vier Tage; die sieben Ibo-Wochen bedeuten also einen Mondzyklus.

cken schien die Gefahr gebannt zu sein. Doch dann, ganz plötzlich, fiel Ezinma wieder in sich zusammen. Alle wussten, dass sie ein *ogbanje*-Kind war. Diese unvermittelten Schübe von Krankheit und Gesundheit waren ein sicheres Zeichen. Aber sie hatte so lange überlebt, dass sie sich vielleicht entschlossen hatte zu bleiben. Einige dieser Kinder wurden ihres teuflischen Kreislaufs von Geburt und Tod schließlich überdrüssig und hatten Mitleid mit ihren Müttern und blieben. Ekwefi war im Grunde ihres Herzens ganz fest davon überzeugt, dass Ezinma bei ihr bleiben würde, denn allein dieser Glaube gab ihrem Leben Sinn. Und sie war in diesem Glauben noch bestärkt worden, als vor ungefähr einem Jahr der Medizinmann Ezinmas *iyi-uwa*-Stein• ausgegraben hatte. Da wussten alle, dass sie überleben würde, weil nun ihr Band mit den *ogbanje*-Kindern zerrissen war.

Ch. Achebe: (Z 15). S. 89 f.

Z 18 – 1986 – Die Grenze zwischen Leben und Tod in einem modernen nigerianischen Roman

Einer der Gründe, warum ich nicht geboren werden wollte, wurde mir klar, nachdem ich auf die Welt gekommen war. Ich war noch sehr jung, als ich benommen sah, wie Papa von einem großen Loch in der Straße verschluckt wurde. Ein anderes Mal sah ich Mama an den Zweigen eines blauen Baums hängen. Ich war sieben Jahre alt, als ich träumte, dass meine Hände mit dem gelben Blut eines Fremden bedeckt waren. Ich hatte keine Ahnung, ob diese Bilder zu meinem Leben gehörten oder zu einem früheren oder zu einem zukünftigen oder ob sie vielleicht nur zu der Unmenge von Bildern gehörten, die allen Kindern durch den Kopf gehen.

Als ich sehr jung war, erinnerte ich mich deutlich daran, dass mein Leben in andere [Leben] überging. Es gab keine Abgrenzungen. Manchmal schien ich mehrere Leben gleichzeitig zu leben. Eine Lebenszeit mündete in die andere, und sie alle flossen in meiner Kindheit zusammen.

Als Kind spürte ich, dass ich für meine Mutter eine Last war, und ich war von der Unergründlichkeit des Lebens belastet. Geboren zu werden war ein Schock, von dem ich mich nie erholte. Tag und Nacht sprachen Stimmen zu mir. Ich merkte allmählich, dass es die Stimmen meiner Geistergefährten waren.

„Was machst du hier?", fragte eine von ihnen.

„Ich lebe", antwortete ich dann.

„Und wozu lebst du?"

„Das weiß ich nicht."

„Warum weißt du das nicht? Hast du nicht gesehen, was dir bevorsteht?"

„Nein."

Dann zeigten sie mir Bilder, die ich nicht verstand. Sie zeigten mir ein Gefängnis, eine Frau, die mit goldenen Schwären übersät war, eine lange Straße, unbarmherziges Sonnenlicht, eine Flut, ein Erdbeben, den Tod.

„Komm zu uns zurück", sagten sie, „du fehlst uns am Fluss. Du hast uns allein gelassen. Wenn du nicht zurückkommst, machen wir dir das Leben unerträglich."

Ich begann zu schreien und forderte sie auf, doch zu machen, was sie wollten. Bei einer dieser Gelegenheiten kam Mama in das Zimmer und beobachtete mich. Als ich sie bemerkte, wurde ich still. Ihre Augen glänzten. Sie ging auf mich zu, schlug mir auf den Kopf und sagte: „Mit wem redest du?"

„Mit niemandem", antwortete ich.

Sie starrte mich lange an. Ich weiß nicht mehr, wie alt ich damals war. Später hatten meine Geistergefährten große Freude daran, mich in Schwierigkeiten zu bringen. Ich stellte oft fest, wie ich zwischen beiden Welten hin- und herpendelte. Eines Tages spielte ich im Sand, als mich die Gefährten mit der Stimme meiner Mutter von der anderen Straßenseite her riefen. Ich lief auf die Stimme zu und wurde beinahe von einem Auto überfahren.

B. Okri: Die hungrige Straße. © 1994 by Verlag Kiepenheuer & Witsch, Köln; zit. nach der Taschenbuchausgabe (dtv) München 1995. S. 18 f.

Z 19 – 16. Jahrhundert – Dämonen in der christlichen Welt

Geisterglaube ist wohl in allen Kulturen zumindest in ihren älteren Epochen nachzuweisen. Auch das Neue Testament der Bibel kennt Geister und Dämonen und ihre Bannung zählt zu den Taten Jesu. Auch viele Heilige zeichneten sich durch die Vertreibung böser Geister aus. In der Kunst des Mittelalters finden sich viele Darstellungen solcher Vorgänge – so z. B. in dem Altar der sieben Schmerzen Mariens von Heinrich Douvermann von 1522, der sich in der Nikolaikirche in Kalkar am Niederrhein befindet.

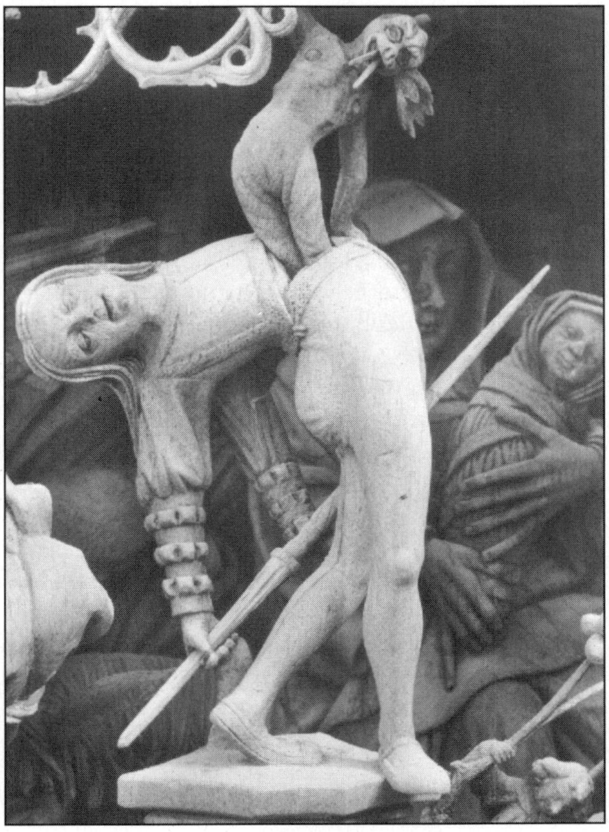

• Wie das *chi*, das mit der Seele vergleichbar ist, sich in einem unscheinbaren kleinen Gegenstand darstellt, können auch andere Objekte die spirituelle Natur des Menschen bezeichnen und in der magischen Welt verorten.

Z 20 - 1540 - Bericht eines anonymen portugiesischen Kapitäns über eine Totenfeier in Benin

Es spricht viel dafür, dass die hier beschriebene Totenfeier für einen Oba sich auf den Tod Esigies bezieht. (Vgl. zu Esigie Arbeitsbuch, S. 47 und M 2.14 und 2.15.)

Es gibt dort viele Völker und Könige und Orte, die teils mohammedanisch und teils heidnisch sind. Sie führen ständig Krieg miteinander . Die Könige werden von ihren Untertanen [wie Götter] verehrt, da sie glauben, sie seien vom Himmel gekommen. [...]Große Zeremonien umgeben die Könige und viele von ihnen lassen nicht zu, dass man sie essen sieht, damit nicht der Glaube der Untertanen zerstört wird, dass sie ohne Nahrung leben können. Unter anderem gibt es im Königreich Benin den alten Brauch, der bis auf den heutigen Tag befolgt wird, dass, wenn ein König stirbt, sich alle Menschen auf einem freien Feld versammeln, in dessen Mitte ein sehr tiefer Brunnenschacht ist, dessen Sohle breiter ist als seine Öffnung. Sie werfen den Leichnam des Königs in diesen Brunnen und alle seine Freunde und Diener versammeln sich ringsherum, und alle die, die dem König besonders teuer waren und von ihm begünstigt wurden (und das sind nicht wenige, da sie alle nach der Ehre begierig sind), folgen ihm freiwillig, um ihm Gesellschaft zu leisten. Wenn sie gegangen sind, rollen andere einen großen Stein auf das Brunnenloch und warten dort Tag und Nacht. Am zweiten Tag bewegen ein paar Amtsträger den Stein zur Seite und fragen die da unten, ob schon einige gegangen sind, um dem König zu dienen, und die Antwort ist Nein. Am dritten Tag wird dieselbe Frage gestellt und irgendeiner antwortet, dass der So-und-so als Erster gegangen ist und ein anderer als Zweiter. Es wird für besonders rühmlich geachtet, der Erste zu sein, und von diesem sprechen alle Leute mit der größten Bewunderung, und man hält ihn für glücklich und gesegnet. Nach vier oder fünf Tagen sind alle diese Leute tot.

[Anschließend beginnen die Feierlichkeiten zur Krönung des neuen Königs.]

J. W. Blake: Europeans in West Africa 1450 - 1560. (Hakluyt Society) London 1942. Vol. 1, p. 150 f.

Z 21 - Anfang des 17. Jahrhunderts - Josua Utzheimer: Ein deutscher Bericht über Benin

Dieses Königreich liegt gleich bei Guinea gegen Sonnenaufgang. Es wird beherrscht von einem mächtigen König, der seine Residenz in der Stadt Benin hat, acht Grad vom Äquator gegen Norden. Es ist eine große Stadt, mit einem starken Zaun umflochten wie mit einer Mauer. Darin hat der König einen Palast, auch mit einem Zaun umgeben. Der Palast ist ungefähr so groß wie die Stadt Tübingen oder größer. Darin sind auch siebenhundert Weiber, deren jede ein besonderes Gemach hat. Der König hat nicht allein viele Diener, die ihm aufwarten, sondern auch sehr viele Soldaten, die Tag und Nacht vor des Königs Haus Wache halten. Dieser König lässt sich das ganze Jahr über nur einmal sehen, und das geschieht auf diese Weise: An seinem Geburtstag kommt er in die Stadt hinausgeritten auf einem Pferd, das mit rotem Scharlach geziert und mit roten Korallen behängt ist. Darauf sitzt er seitwärts wie ein Weib, auf ihre Weise stattlich gekleidet mit einem Scharlachtuch, nicht nur mit roten Korallen, sondern auch mit anderen seltsamen Sachen behängt. Dazu hängt er sich über den Kopf und Rücken bis auf die Fersen hinunter einen weißen Rossschweif, sodass einer, der das sehen würde, darüber erschräke. Auf jeder Seite gehen zwei Männer neben ihm her, von denen zwei ihn halten, die anderen beiden schaffen Platz. Denn das Volk läuft in großem Gedränge herzu, und jeder will den König sehen, wie man in Rom im Jubeljahr den Papst sehen will. Sechstausend Mann ziehen vor dem König her und wenn er kommt, so fällt alles Volk vor ihm auf die Knie und sie klatschen in die Hände, um den König zu begrüßen. Der macht hin und wieder mit der Hand Gebärden, genau wie der Papst in Rom, wenn er das Volk segnet und dankt ihnen.

Zit. nach: H. Loth (Hg.): Reisen nach Nigritien. (Reclam) Leipzig 1986. S. 62 f.

Z 22 - 1602/1617 - Weiße Schwarze

Die bildlichen Darstellungen Afrikas aus dem 17. und 18. Jahrhundert sind mit großer Vorsicht auszuwerten. Sie sind in Europa von Künstlern nach mündlichen und schriftlichen Angaben von Reisenden entstanden. Es ging aber den französischen und niederländischen Autoren, für deren Bücher die Bilder gedacht waren, nicht um Kuriositäten, sondern um ein sachlich-rationales Bild Afrikas. Die Fehler der Darstellung tendieren nicht zum Monströsen, sondern im Gegenteil zur Übertragung der europäischen Denkmuster: Königreiche und Städte stehen im Mittelpunkt des Interesses, und die abweichende Hautfarbe erscheint belanglos.

Adam Jones: Zur Quellenproblematik der Geschichte Westafrikas 1450-1900. (Steiner) Stuttgart 1990. Tafel 9A.

Z 23 - Zur Geschichte der *Yoruba*-Städte

Als Yoruba bezeichnet man eine größere Zahl ethnischer Einheiten zwischen mittlerem Niger und dem Golf von Guinea. Sie sprechen eine Gruppe von Kwa-Dialekten, die im 19. Jahrhundert von Europäern als Varianten einer Sprache, des Yoruba, definiert wurden. Politisch organisierten sich die Yoruba ursprünglich in kleinen Einheiten mit städtischen Kernen, die meist überörtliche Marktfunktionen hatten, wenn auch die Bevölkerung mehrheitlich eine bäuerliche war. Man kann diese Yoruba-Städte entfernt mit europäischen Ackerbauerstädten der frühen Neuzeit vergleichen. Sie wurden gewöhnlich von einem erblichen Herrscher und dessen Beratergremium regiert.

Ein Bewusstsein der Gemeinsamkeit zwischen den etwa 50 historischen Yoruba-Städte beruht auf einer Geschichte, die sich mit archäologischen Mitteln bis ins 9. Jahrhundert zurückverfolgen lässt. Die mündlichen Überlieferungen führen die Gründungen aller Städte auf Ile Ife und dessen Herrscher zurück, die ihrerseits den göttlichen Odudua und seinen sagenhaften Sohn Oranmiyan als ihre Ahnen ansehen. Deswegen genießt der Oni von Ife bis heute besondere Autorität in Fragen der Religion und des Rituals, jedoch keine besonders politische Position. Tatsächlich ist nach den archäologischen Befunden Ile Ife die älteste städtische Siedlung des Gebiets; seine Anfänge lassen sich auf das 11. oder 12. Jahrhundert datieren. Auf einem kleinen Goldfeld an der Grenze zwischen Regenwald und Savanne gelegen wurde es früh ein Handelszentrum und eine politische Macht. Im 14. Jahrhundert entwickelte sich hier eine bedeutende Bronze- und Messingkunst. Politisch wurde Ile Ife im 15. Jahrhundert von dem in der Savanne gelegenen Oyo (Old Oyo, heute ein unbewohnter Ort) abgelöst. Dessen Macht erstreckte sich zeitweise bis zur Atlantikküste.

Yoruba spielten in der Epoche der Sklaverei sowohl als Opfer als auch als Akteure eine wichtige Rolle: Ihr Zugang zum Atlantik und zu den großräumigen Handelsstrukturen des Westsudans machten einige Yoruba-Städte zu Sklavenexporteuren. Nach einer Phase innerer Konflikte fiel Oyo einem islamischen Vorstoß nach Süden zum Opfer. 1804-09 unterwarfen die moslemischen Fulbe unter Osman Dan Fodio in einem Dschihad, einem heiligen Krieg, die alten Haussa-Staaten der Savanne. Oyo selbst wurde 1817 zerstört. Für ein Jahrhundert beherrschte das Kalifat von Sokoto die Gebiete am mittleren Niger und - in Gestalt des Emirats Ilorin - auch die nördlichen Yoruba-Städte. Südlich davon bildete sich vorübergehend das „Reich" von Ibadan. Es folgten Jahrzehnte „innerer" Kriege der Yoruba, in die sich 1851 mit der Eroberung von Lagos die Briten einmischten. Mithilfe von Verträgen und Militäreinsätzen wurden sie zur Vormacht in Westafrika und schlossen mit der Unterwerfung Sokotos und seiner Verbündeten 1904 die Konsolidierung ihres Kolonialreichs ab. Großbritannien schuf damit die Basis für einen lang anhaltenden Frieden in diesem Gebiet und bezog die Yoruba in die neue Weltwirtschaft des 19. und 20. Jahrhunderts ein. Die koloniale Ära veränderte ihre Gesellschaften tief gehend.

Zusammenstellung nach verschiedenen Quellen.

Z 24 - Islamischer Einfluss: Moschee in einer *Yoruba*-Stadt

F. Willett: African Art. (Thames&Hudson) London 1993. S. 131.

Z 25 - Moderner Einfluss auf die *Yoruba*-Kultur: Fassade eines Herrscherpalasts

F. Willett: (Z 24). S. 122.

Z 26 – Das *Oyo*-Reich und die wichtigsten der zahlreichen *Yoruba*-Herrschaften

Die Ethnien lassen sich nur ungenau voneinander abgrenzen; die Linien der Karte dürfen nicht mit Grenzen im modernen Sinne verwechselt werden.

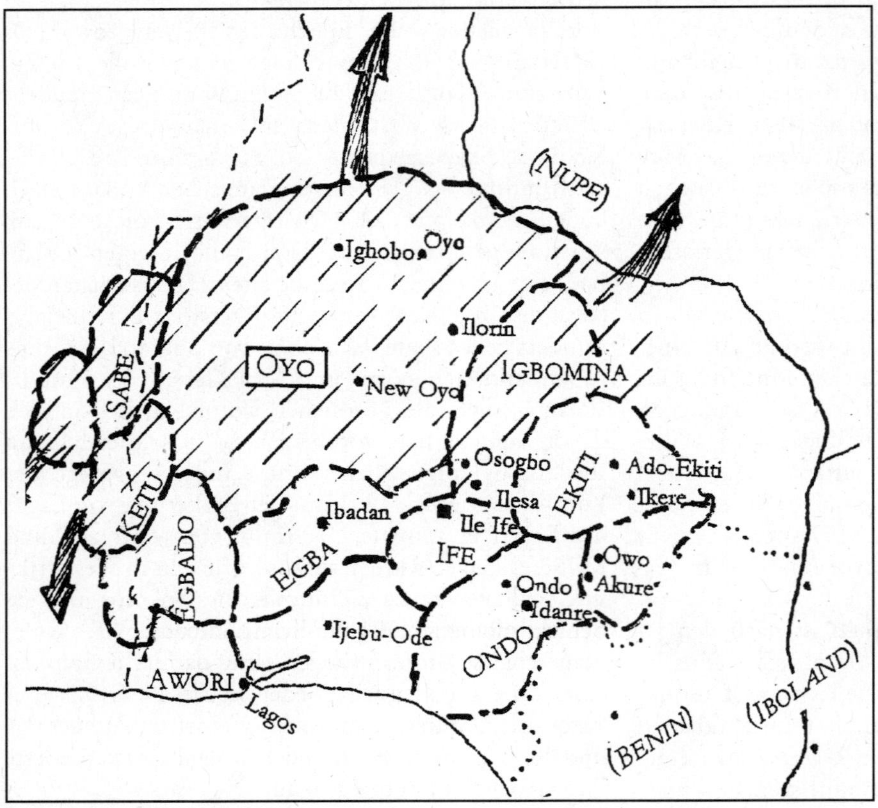

Die Flächenschraffur zeigt den Herrschaftsbereich Oyos Mitte des 18. Jahrhunderts.

Die Pfeile deuten die Hauptrichtungen seiner Expansion an den Handelswegen in die Savanne und zur Küste an.

Bearbeitet nach M. Crowder: West Africa under Coloial Rule. London 1976. Map 1 u. a.

Z 27 – Die islamische Expansion und das Reich der Ibadan im 19. Jahrhundert

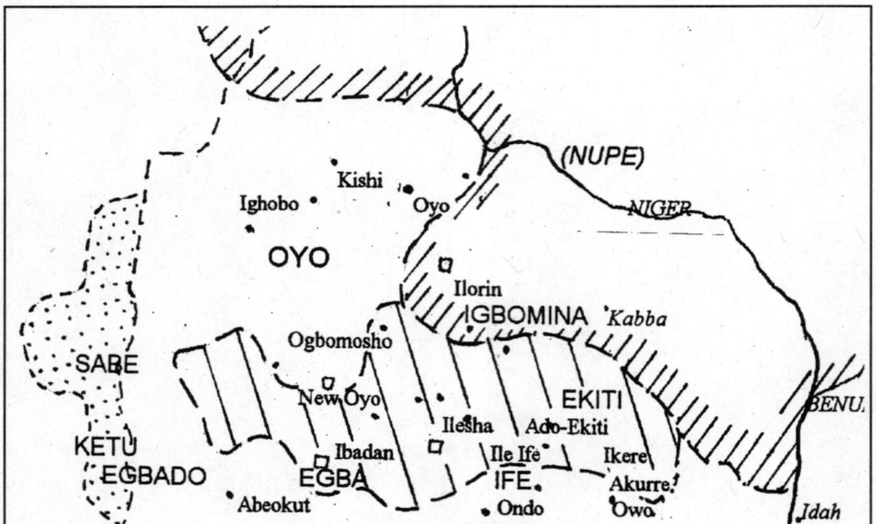

Die schraffierte Linie zeigt das Vordringen des von Osman Dan Fodio gegründeten Fulbe-Reichs von Sokoto, zu dessen Herrschaftsbereich das südlich des Niger gelegene Emirat Ilorin gehört.

Die schraffierte Fläche bezeichnet das in der ersten Hälfte des 19. Jahrhunderts entstandene Reich von Ibadan. (Auch hier sind die Begrenzungen nur vage Andeutungen der Ausdehnung der Macht.)

Die gepunktete Fläche westlich der heutigen Staatsgrenze deutet die Ausdehnung der Yoruba außerhalb des heutigen Nigeria an.

Bearbeitung nach Z 26.

Z 28 - Der *District Officer* auf Dienstreise
(Holzschnitzerei aus dem Yoruba-Bereich)
F. Willett: (Z 24). S.141.

Z 29 - Der britische Ethnologe bei der Arbeit
(Maske bei einem Fest in einer Ibo-Gemeinde in den 1930er-Jahren)
H. Cole: (Z 13). S. 150.

Z 30 - 1899 - Der Mythos des Weißen Mannes
(Rudyard Kipling, *Take up the white Man's Burden*)

Nehmt auf euch des Weißen Mannes Bürde,
Schickt die Besten, die ihr erzieht, hinaus.
Schickt eure Söhne in die Verbannung [der Kolonien],
Damit sie den eingefangenen Wilden dienen.
Lasst sie schwer gerüstet wachen
Über eine wankelmütige wilde Menge,
Eure frisch eingefangenen störrischen Völker,
Halbteufel und Halbkinder.

Nehmt auf euch des Weißen Mannes Bürde
Und harrt in Geduld aus,
Um den drohenden Schrecken zu beschwichtigen,
Und dem Stolz [des Eingeborenen] Einhalt zu gebieten
Mit ehrlichen und einfachen Worten,
Um ihm hundert Mal klarzumachen,
Dass ihr seinen Nutzen sucht
Und zu seinem Vorteil arbeitet.

Nehmt auf euch des Weißen Mannes Bürde
Und die grausamen Kriege für den Frieden,
Füllt dem Hunger den Mund,
Gebietet der Krankheit Einhalt.
Wenn ihr dann fast am Ziel seid,
Das ihr um der anderen willen erstrebt habt,
Dann seht, wie Trägheit und heidnische Torheit
Alle eure Hoffnungen ruinieren. [...]

Nehmt auf euch des Weißen Mannes Bürde,
Vergesst eure Kindheitsträume,
[Verzichtet auf]den bequemen Lorbeer,
Das leichte, unbeneidete Lob.
Jetzt kommt, um eure männliche Würde zu prüfen,
[Die ihr] durch Jahre ohne Dank [bewahrt habt],
Das Urteil der euch Ebenbürtigen,
Das kalt und scharf ist von teuer erkaufter Weisheit.

R. Kipling: The Collected Works. (AMS Press) New York 1970. Vol. 26, p. 221 ff.; bearbeitet nach R. Kipling: Gesammelte Werke. (List) München 1965. Bd. 3, S. 945 f.

Z 31 – 1960er- und 1970er-Jahre – Sozialstruktur der Klientel Timothy Abiolas in Mushin

Dieses Material erweitert die Information zum Arbeitsbuch M 4.14 und 4.15 und die Darstellung S. 116 f.

Das Soziogramm ist nur ein Ausschnitt aus einer noch komplexeren Struktur. Es vereinfacht und systematisiert hunderte von Beziehungen zu einem System von drei Schichten und lässt die unterste Ebene derer fort, die selbst wenig oder keinen Einfluss haben. Es verzeichnet vor allem die Macht Timothy Abiolas, der mit zwei weiteren Männern und einer Frau die höchste Ebene des Systems bildet; sie sind durch gemeinsame Interessen miteinander verbunden und agieren in Lagos und der *Western Region*. – Fünf Angehörige der mittleren Ebene sind ausschließlich von Abiola abhängig, die übrigen (7, 8 und 12) teilweise. Diese Personen handeln auf der Ebene von Mushin, einer Großstadt im Großraum Lagos; von ihnen spielen Oba Lisabi (7) und der ganz von Abiola abhängige Adeyemi (11, s. u. Z 33) eine besondere Rolle, da sie über mehrere Klienten auf der unteren Ebene verfügen, deren Angehörige in einem Unterbezirk von Mushin Einfluss ausüben. Adeyemi ist ausschließlicher Patron von 17 bis 19 und teilt sich das Patronat über 13 bis 16 mit Oba Lisabi (7) und über 20 und 21 mit Fagbemi (12).

									Einflussbereich				*Politik*			*Vereine*	
	Name	*Ethnie*	*F*	*Alter*	*Ans.*	*Rel.*	*Erz.*	*Beruf*	*N*	*U*	*M*	*L*	*Part*	*Rat*	*Reg*	*MA*	*LLA*
1	Abiola	Ekiti		50	25	Ch		Kaufmann*	X	X	X	X	Vors	4	4	A	A
2	Sotomi	Ijebu		55	40	?		Kaufmann*	X	X	X	X	Vors	5	7	A	?
3	Odunsi	Egba		56	34	Ch	6	Kaufmann*	X	X	X	X	Vors	5	9	A	A
4	Duro	Yoruba	F	55	?	M		Markthändlerin		X	X	X	A	1	1	A	
5	Ekundare	Egba		45	30	M	?	Beamter	X	X	X	*Chief*	+	F			+
6	Ojo	Ijebu		55	35	?	6	Schuldeneintreiber	X	X	X	*Chief*	A	1			+
7	Oba Lisabi	Egba		55	21	M/Ch		Kräuterhändler	X	X	X		+	2	1	+	+
8	Taiwo	Ife		55	45	?	6	Schuldeneintreiber	X	X	X		+	F	4		A
9	Kotonu	Benin*		56	L	Ch	6	Schuldeneintreiber	X	X	X		+	1			+
10	Jibowu	Ilesha		45	L	?	?	Polizist	X	X	X		+	F			+
11	Adeyemi	Ijebu		58	38	Ch	6	Schmied	X	X	X		A		1		A
12	Fagbemi	Egba		55	23	M		Kaufmann	X	X	X		A			A	A
13	Anjorin	Egba		60	44	Ch	6	Kaufmann*	X	X			?				+
14	Sofe	Awori		60	L	M		Geldverleiher	X	X			+				+
15	Oduyoye	Egba		65	35	Ch	6	Zimmermann	X	X			?				+
16	Musa	Egba		60	37	M		Kanufahrer	X	X			+				+
17	Ogedengbe	Ijebu		52	20+	Ch	6	Kaufmann*	X	X			+				A
18	Soyinke	Lagos		55	L	?		Kaufmann	X	X			A				+
19	Osue	Egba		40	L	M		Händler	X	X			A				+
20	Ajisafe	Ijebu	F	45	20	Ch	6	Mützenmacherin	X	X			A			A	+
21	Oroki	Ijebu		50	23	M		Markthändler	X	X			+			A	+

Ethnie: Alle hier genannten Ethnien gehören zu den Yoruba; dass Duro (4) sich als Yoruba bezeichnet, zeigt ihre Orientierung an Lagos; Kotonu (9) kommt aus der Yoruba-Minderheit in der Republik Benin (Dahomey).

F (Frau): In diesem Klientelsystem nehmen zwei Frauen die Rolle von Patroninnen ein.

Alter: Es fällt auf, dass die meisten Angaben Vielfache von 5 sind, d. h. Schätzungen (vgl. Schulbildung).

Ans. (Ansässigkeit in Mushin): L = lebenslang; alle anderen Personen sind zugewandert.

Rel. (Religion): Ch = Christen, M = Moslems. Für europäische Maßstäbe ist die Zuordnung nicht immer eindeutig.

Erz. (Erziehung): 6 = Besuch der sechsjährigen *primary school* der Kolonialzeit; alle übrigen Personen haben keine oder nur eine episodische Schulerziehung.

Beruf: Die *merchants* stehen über den *traders*; einige Kaufleute* üben noch weitere Tätigkeiten aus, zum Teil sogar im öffentlichen Dienst. Die Schuldeneintreiber sind besonders in Mietangelegenheiten tätig.

Einflussbereich: N = Nachbarschaft; U = Unterbezirk (Stadtteil) von Mushin; M = Bezirk Mushin; L = Lagos.
Chief = Inhaber des Titels eines *Chief* in der Heimatgemeinde als Quelle von Einfluss über Mushin hinaus.

Politik: Part = Parteifunktionen; Vors = Vorsitz einer größeren Parteisektion; A = Amt; + = Mitgliedschaft;
Rat = Zahl der Amtsperioden als Mitglied des Stadtrats; F = öffentliche Funktion in Mushin;
Reg = Zahl der Funktionen in der bundesstaatlichen (*Western Region*) oder gesamtnigerianischen Politik.

Vereine: Mitgliedschaft und Ämter in den beiden wichtigsten Wirtschaftsvereinen: MA = *market/trade association* (Verein der Markthändler[innen]), LLA = *landlord/landlady association* (Organisation der Hausbesitzer- und Vermieter[innen] – die Wohnung ist ein besonders kritisches Problem für die Niederlassung im Großraum Lagos.) Weitere Mitgliedschaften in ethnischen, Hilfs- und Sportvereinen und Religionsgemeinschaften vergrößern die Bedeutung eines Patrons. S. J. Odunsi (3) z. B. hat neben neun Funktionen in öffentlichen Körperschaften noch sechs Ämter in kirchlichen Vereinen inne.

Zusammenstellung und Bearbeitung nach: S. Barnes: Patrons and Power. (Manchester University Press) Manchester 1986. S. 138 f.

Z 32– 1970er-Jahre – Ein Konflikt in der Klientel

Alhaji Adebola war ein loyaler Klient Adeyemis. Als die Rechtmäßigkeit eines Grundstückskaufs Adebolas von Yinka, der Tochter des Verkäufers, angezweifelt wurde, half Adeyemi Adebola erfolgreich seine Rechte zu verteidigen. [...] Alhajis Bruder war mit seinem Arbeitsplatz bei der Stadtverwaltung unzufrieden, und Adeyemi bewirkt, dass er innerhalb weniger Wochen in eine angenehmere Position versetzt wurde.

[Der Vorgang fiel dem Leiter des Gesundheitsamts auf, der nun Adeyemis Hilfe bei der Durchsetzung behördlicher Vorschriften in dessen Nachbarschaft suchte.]

Als Ausgleich für Adeyemis Unterstützung bei dem Bemühen, Gesetzesbrecher, die nicht seine Klienten waren, aufzufinden und vor Gericht zu bringen, war der Gesundheitsbeamte bei Verstößen von Adeyemis Klienten nachsichtig. Er wurde auf diese Weise ein weiteres Glied in Adeyemis Beziehungskette zwischen seiner Nachbarschaft und der Bürokratie. Eine Klientin Adeyemis, Mrs. Gole, die sich mit seiner Hilfe gegen das Gesundheitsamt durchgesetzt hatte, weigerte sich die vereinbarte Bestechungssumme an den Amtsleiter zu zahlen und wurde vor Gericht angeklagt.

Adeyemi reagierte auf Mrs. Goles Bitte um Hilfe und erklärte sich bereit, den vorsitzenden Richter, den er von verschiedenen Parteigremien her kannte und mit dem er sich später verschwägern sollte, um eine Niederschlagung des Verfahrens zu bitten. Aber bevor er den Richter erreichte, erfuhr Adeyemi, dass Mrs. Gole noch seinen Rivalen in „seinem“ Viertel um Unterstützung gebeten hatte. Verärgert über diese Bedrohung seiner führenden Stellung in allen Patronagesachen konfrontierte er Mrs. Gole mit ihrer Doppelzüngigkeit und erklärte ihr, dass er seine Hand über ihr zurückgezogen hatte. Adeyemi schlug dem Gesundheitsbeamten daraufhin vor, dass er alle Interventionen von dritter Seite zugunsten Mrs. Goles ignorieren solle und die Angelegenheit ihren gesetzlichen Verlauf vor Gericht nehmen lasse.

S. Bames: (Z 31). S. 88 f.

Z 33 – 1966 – Was heißt hier Korruption?

Aus einer Analyse der englischen Tageszeitung *The Guardian* vom 17. 1. 1966.

Halten Sie sie für zutreffend?

Trotz allen Geredes Dr. Azikiwes und Chief Awolowos von einem afrikanischen Sozialismus aus der Zeit vor der Unabhängigkeit ist Nigerias Wirtschaft auf eine extreme Weise kapitalistisch. Und sie ist korrupt. Dabei hat die Korruption ihre offenen Fürsprecher. Sie beschreiben sie als den „Afrikanischen Wohlfahrtsstaat“. Ehrlich gesagt, ist ein Minister oder Beamter als korrupt anzusehen, wenn er seine Großfamilie mit Dutzenden von entfernten Vettern aufrechterhalten und erziehen muss und seine fünf Prozent von einem Vertrag kassiert, oder ist er nur verantwortungsbewusst? Aber die ersten Worte, die die Putschisten verbreiteten, nachdem sie den Rundfunk unter ihre Kontrolle gebracht hatten, richteten sich gegen Korruption und Vetternwirtschaft, die viele junge Nigerianer mit der Zentralregierung in Verbindung setzen. Mancher junge Mann würde gern etwas von der politischen Freiheit und der Sicherheit gegen willkürliche Verhaftung, die ihm die westliche Demokratie geschenkt hat, eintauschen gegen eine Umverteilung von Reichtum und einen Sinn für nationale Verantwortung bei den politischen Parteien, die von der freien Wirtschaft Nigerias fett geworden sind.

Zit. nach: A. H. M. Kirk-Greene: Crisis and Conflict in Nigeria. (Oxford University Press) London 1970. Vol. 1, p. 31.

Z 34 – 2000 – Ethnische Gewalt in Mushin?

1999 wagte Nigeria nach Jahren der Militärdiktatur unter dem Ex-General Obasanjo einen neuen Versuch mit der Demokratie. Die Armee trat damit als innenpolitischer Ordnungsfaktor in den Hintergrund, ohne dass die inneren Verhältnisse sich damit entspannten. Gleichzeitig weckte die Drohung der Bundesstaaten des Norden, die Scharia, das traditionelle Recht des Islam, einzuführen, Ängste bei den großen nichtislamischen Bevölkerungen dieser Gebiete.

Trotz aller Besorgnisse um Nigeria sollten Sie den folgenden Bericht einer deutschen Zeitung (der sich durch immer neue ersetzen lässt) vor dem Hintergrund Ihres inzwischen erworbenen Wissens und Ihrer Wahrnehmung für europäischen Sprachgebrauch kritisch lesen!

Doch Religion ist nur eine der Sollbruchstellen im fragilen politischen Gebäude Nigerias. Viel mehr Sorgen bereitet Obasanjo derzeit die Militanz verschiedner ethnischer Milizen. Allen voran schlägt derzeit der OPC zu – der Oodua [Odudua?]-Volkskongress. Dies ist eine Organisation der Yoruba, also der Ethnie, der auch der Präsident angehört. [...] Der OPC sollte die Eigeninteressen dieser Ethnie wahren. Im Alltag ging es hauptsächlich darum, Nachbarschaftsschutz für Yoruba-Viertel zu organisieren, um dort ein Mindestmaß an öffentlicher Ordnung zu gewährleisten in einem Land, in dem die meisten Verbrechen und Gesetzesübertretungen von Staatsdienern und Polizisten verübt wurden. [... Der OPC-Führer Ganiyu Adams] wird inzwischen für unzählige Überfälle und blutige Zwischenfälle mit Milizen anderer Volksgruppen verantwortlich gemacht. Dazu gehören Scharmützel mit Haussa-Muslimen aus dem Norden, die genauso im Schmelztiegel Lagos wohnen, oder Ijaw-Milizen, einer der militantesten Gruppierungen aus dem Niger-Delta, und Überfälle in den Städten Shagamu und Ilesha. Im Januar brach im Slum [!] Mushin in Lagos dann regelrecht der Bürgerkrieg aus. Der OPC machte nach seinen Angaben einen „Vorstoß“, um Kriminelle auszuheben, bewaffnete Räuber und Drogendealer. Die Kämpfe dauerten zwei Tage, mehr als 30 Menschen starben – die meisten davon mit brennenden Autoreifen um den Hals. [Der Artikel endet damit, dass er den Polizeichef von Lagos zitiert:] „Das ist Dschungel-Justiz.“

Süddeutsche Zeitung Nr. 32, 9. 2. 2000, S. 13.

Z 35 – Rose, eine *femme fatale*
Die Künstler der *Middle Art* in Nigeria erzählen – auf Bestellung – Geschichten aus dem wahren Leben:
1. Station (unten links)
Chukwumma said: My Rose, never mind money dear[?], I am P.N.D. [Ph.D.? – zumindest ein gut bezahlter Büro-Job]
I like you my friend, I will never forget you said Rose.
2. Station (Mitte)
[Chukwumma:] Oh! This Rose have eat all my money. What shall I do to train my two brothers at oversea, or my mother, sisters, father, and all my poor family. Because I have sold all my properties so no more for me. I will suside myself.
3. Station (rechts oben)
[Chukwumma:] So my life end.
4. Station (rechts unter dem toten Chukwumma)
Rose: I will follow this man. For my first friend have no money again.
Okolo: Oh! Fine girl[,] come.
Der Standpunkt der höheren Mächte (oben links)
[Engel zum Teufel]: I will kill you, for you have spoil[ed the] world.
H. Cole: Icons – Ideals and Power in the Arts of West Africa. (Smithsonian Institute) Washington 1989.

Z 36 - 2000 - Was ist in Afrika „Staat“?

Der folgende Text des Soziologen Trutz von Trotha analysiert die inneren Konflikte der Republik Mali in den 1990er-Jahren. Er ist nicht als eine abschließende Interpretation afrikanischer Probleme zu lesen, sondern als Beispiel eines Denkmodells. Man muss ihm nicht zustimmen und wird vor allem seinen Optimismus nicht teilen. Er gibt aber eine provozierende These vor, die es erlaubt, alle Ergebnisse des Kurses umfassend zu diskutieren und eigene Positionen zu Afrika zu formulieren. Der Wert dieses Aufsatzes zeigt sich, wenn man ihn in Beziehung setzt zu den deutlich anders strukturierten Probleme Nigerias mit seinen zahlreichen großstädtischen Zentren und dem Zentrum Lagos.

Von Trotha kommt bei der Analyse innerstaatlicher Konflikte in Afrika zu dem Schluss, dass was in europäischen Augen als Zerfall des souveränen Staats erscheint, zugleich Anfänge neuer politischer Ordnungen enthält. Manche Rebellionen können als Experimente verstanden werden, mit denen in Afrika wie in einem Laboratorium neue Formen der Herrschaft erprobt werden. In deren Ergebnissen könnten sich nach Meinung des Autors globale Tendenzen abzeichnen, da selbst in Europa und Amerika die Strukturen des neuzeitlichen Staates zur Disposition stehen. An dem Tuareg-Aufstand von 1990-96 gegen den Staat Mali untersucht von Trotha, wie an die Stelle der erfolglosen europäischen Hierarchien zwischen Zentrum und lokalen Gewalten und dem Gewaltmonopol des Staats eine neue Ordnung gleichrangiger Kräfte tritt. Sie verteilt die Ressourcen und sichert den Rechtsfrieden – im Guten wie im Schlechten – nach den alten Traditionen Afrikas.

(257) In der Schlüsselrolle der Gewalt für den Herrschaftsalltag zeigt sich die Ohnmacht der kolonialen und postkolonialen Herrschaft. Es beginnt mit der Territorialverwaltung. Sie war bestimmt von dem Anspruch des Staates auf ein Staatsgebiet, aber sie erreichte bestenfalls die städtischen Zentren und ihre Verbindungslinien. Es setzte sich fort in einer Rechtsordnung, in der die typischen staatlichen Vereinheitlichungen der Rechtsordnung nur Pläne sind und das Papier, das mit diesen Plänen bedruckt ist, bestenfalls die Herzen der Juristen höher schlagen lässt. Dazu gehören die Vereinheitlichung der Rechtsinstanzen, der Kataster und die großen Kodifikationen des Boden- und Strafrechts.

[Die koloniale wie die postkoloniale Herrschaft der Hauptstädte brauchten den Mittler, um die Menschen vor Ort zu erreichen. In Afrika war dieser Mittler auch in der kolonialen Zeit der *Häuptling, chef* oder *chief,* den aber die europäischen Herren wie ihre afrikanischen Nachfolger als Konkurrenten ansahen und bekämpften – ohne Erfolg.]

(263) Die Orte der Macht in Afrika sind die Orte der Bittsteller. Die Zahl der Bittsteller ist ein Hinweis auf die Macht dessen, der um etwas gebeten wird. Mehr aber sind es noch das Prestige, der Reichtum und die Macht der Bittsteller selbst, in denen sich die Macht des Gebetenen abbildet; so kann gerade die kleine Zahl der Bittsteller im wohl temperierten Antichambre des Patrons dessen Herrschaftsfülle anzeigen.

Bittsteller sind keine Menschen, die Rechte einfordern, die ihnen als Staatsbürgern zustehen, so wenig wie die Gebetenen Bürokraten sind, die von den Staatsbürgern verlangen, Formulare auszufüllen, aus denen der Sachbearbeiter ersieht, ob die Staatsbürger das zu bekommen haben, was sie als ihr Recht fordern. Bittsteller fordern nicht das, was allen Menschen einer gesetzlichen und administrativen Kategorie zusteht; sie bitten um Gunstbeweise, um das Besondere. Aber sie bitten, was auch immer es ist, weil es soziale Verpflichtungen ihnen gegenüber gibt. [...]

[Das Risiko einer Politik, die Herrschaft als „Beute“ versteht und nur die eigenen Leute bedient, ist der Ausschluss der „Andern“. Indem sie diese zu „Fremden“ im eigenen Land machen, schaffen sie sich Feinde und verwickeln sich in Kriege, für die es keine Lösungen im europäischen Sinne gibt. Im parastaatlichen* Häuptlingtum der *chefs* der Tuareg in Mali zeigen sich aber auch Alternativen. Es wird regionale Schutzmacht und sichert die Menschen nach drei Seiten, wobei es seine ursprünglichen lokalen Gegner mit einbezieht.]

Die erste Seite ist, dass das parastaatliche Häuptlingtum zur Schutzmacht gegen die gewalttätige Zentralmacht wird. Im Falle der Ifoghas trat dieser Schutz in Gestalt von Rebellenbewegungen auf, die der malischen Zentralregierung einen Friedensvertrag abtrotzten, der politisch und ökonomisch alle Erwartungen übertraf. [...] Die zweite Seite ist: Das parastaatliche Häuptlingtum bot Schutz vor gewalttätigen internen Machtkämpfen und erlaubte einen Weg zu beschreiten, der aus dem Zustand verallgemeinerter Gewalt herausführt. [... Es] sicherte sich damit die Basislegitimation der überlegenen Gewalt. Es konnte fortan gewährleisten, dass die Bevölkerung, als deren Schutzmacht sie auftrat, in den Genuss der Friedensdividende kam und weiterhin kommt - Dividenden in der Form von Friedens-, Aufbau- und Entwicklungsprogrammen der Zentralregierung, vor allem aber von den internationalen Geberorganisationen. [...]

(275) Der [moderne europäische Staat] ist Territorialstaat, seine Grenzen sind so absolut wie die Zahlen auf den Kartenwerken der Landvermesser und die Steine, die den Verlauf der Grenze des staatlichen Territoriums markieren. Das vorkoloniale Häuptlingtum in Afrika - und nicht nur hier - hatte mit dem Territorialgrundsatz des Staates nichts im Sinn. Sein Prinzip war nicht die Herrschaft über Territorien, sondern über Menschen. Gebiete gab es schließlich im Überfluss, Menschen fanden sich vergleichsweise wenige. [...] Jetzt ist es das regionale Machtzentrum, sprich: das

---

* Als parastaatlich wird hier ein Zustand bezeichnet, wie er auch für das vormoderne feudale Europa charakteristisch war: Es gibt keine abstrakte zentrale Staatsgewalt über die nach ihren Rechten einheitliche Bevölkerung eines fest definierten Territoriums; stattdessen übt eine Anzahl von Fürsten, die zwar eine Hierarchie bilden, aber zugleich auch über historisch entstandene eigene politische Rechte verfügen, Herrschaft über Personenverbände aus, die in sich ungleich sind. Dabei kann es zu ständigen Rechtsstreitigkeiten kommen, die wie in der mittelalterlichen Fehde gewaltsam ausgetragen werden.

Häuptlingtum selbst, das ein unmittelbares Interesse an der Territorialisierung seiner Herrschaft hat. Der Zugriff auf Menschen, auf Ämter und vor allem auf die neuen Steuern z. B. der Gemeinden ist an die territorialen Grenzen von Wahlkreisen, Gemeinden und Regionen gebunden. Gebietsherrschaft ist für das parastaatliche Häuptlingtum nicht abstrakte Herrschaft wie auf den Karten tüchtiger Kartografen bis zu den Grenzsteinen, die in den großen Temperaturunterschieden der Wüste bersten. Gebietsherrschaft, das sind Wählerstimmen, Rats- und Parlamentssitze, Steuerzahler, Steueranteile; das heißt auch mögliche direkte Konkurrenz zum Nachbarn. [...]

[Inzwischen vermeiden Armee und Polizei der Republik Mali, ihre Präsenz jenseits ihrer wenigen Stützpunkte zu demonstrieren, und üben ihre Funktionen nicht ohne Absprachen mit den regionalen Häuptlingen aus. Diese Balance der Kräfte ist wirksamer als alle staatlichen Regelungen nach europäischem Vorbild, aber auch diffizil und zerbrechlich: Die politischen und vor allem ökonomischen Aktivitäten der Tuareg ignorieren die Grenzen von Staat und Währungsgebiet; ihr „Schmuggel" löst die Staatlichkeit von Mali in bestimmten Gebieten praktisch auf.

Neue Formen der wirtschaftlichen Zusammenarbeit (Entwicklungshilfe) von Seiten Europas und Nordamerikas und von NGO (Nichtregierungsorganisationen) – greifen heute regional oder lokal ein und verstärken damit die Tendenz zur konzentrischen Ordnung; die Regierung in der Hauptstadt wird damit zum Vermittler „in einem Gefüge von regionalen, nationalen und internationalen Organisationen und Machtzentren." Kriege und Krisen können diese Form der Hilfe sogar fördern. Die neue Ordnung in Mali ist das Ergebnis einer Phase innerer Kriege in den 1990er-Jahren.]

(276) Die Geber legten eine Fülle von Programmen für Mali auf, die den gängigen Stichworten friedensstiftender und -fördernder Maßnahmen folgten: Demobilisierung, Reintegration der Ex-Kombattanten, soziale und wirtschaftliche Gesundung, soziale Versöhnung, Wiederkehr des normalen Lebens. In eben diesen Programmen fand auch das parastaatliche Häuptlingtum die Ressourcen, um seinen Gefolgsleuten zu helfen und einstige Gegner vom Nutzen der neuen Loyalität zu überzeugen. [...] Dezentralisierung schafft auf lokaler Ebene finanzielle Ressourcen, mit denen die Akteure der lokalen Machtzentren nach ihren eigenen Vorstellungen, Zielen und Interessen umgehen; sie macht die lokalen Machtzentren zu eigenverantwortlichen Akteuren in der konzentrischen Ordnung.

(277 f.) Die Zukunft liegt in Schwarzafrika, weil der Kontinent schon jetzt dokumentiert, dass eine der folgenreichsten Institutionen, der moderne Staat, im bisher folgenreichsten Globalisierungsvorgang, der europäischen Expansion und des Kolonialismus des ausgehenden 18. und 19. Jahrhunderts, seinen Zenit überschritten hat. In Schwarzafrika ist der moderne Staat gescheitert, und zwar so gründlich, dass nicht einmal der Kern unberührt geblieben ist: das staatliche Gewaltmonopol.

Die Entfesselung der Gewalt in nicht endenden Kriegen und selbst im Genozid ist eine der Seiten dieses Scheiterns. In Schwarzafrika ist die Idee der griechischen Polis von der Trennung von Allgemeinem und Besonderem gescheitert. Schwarzafrika lässt sich seine konzentrische* Ordnung nicht ausreden und besteht auf der weltgeschichtlichen ‚Normalität', in welcher die Verpflichtung für den Verwandten, den Freund und den Gefolgsmann Vorrang hat und die Machthaber keine Skrupel kennen, dieser Verpflichtung gerecht zu werden, und dabei nicht vergessen, vor allem auch an sich selbst zu denken.. Schwarzafrika ist aber auch dort ‚Zukunft', wo es tatkräftig verwirklicht, was im Selbstverständnis des Westens immer der okzidentalen Moderne zugerechnet worden ist: Wagnis, Bewegung und Experiment. In der Erfindung neuer Formen der politischen Herrschaft kommen diese Elemente zusammen und machen Schwarzafrika zu einer der größten ‚Baustellen' politischer Praxis – in der ganzen Zwiespältigkeit, die das Wort nahe legt.

Eine dieser Erfindungen ist die Parastaatlichkeit. Sie tritt an die Stelle des Staates, aber nicht an die Stelle des nationalen Herrschaftszentrums (nationale Regierung, nationale Vertretungskörperschaften, zentralstaatliche Verwaltung u. a.), das sie in ein zerbrechliches Gefüge eher horizontal organisierter parastaatlicher und intermediärer Einrichtungen und Organisationen einfügt.

Zusammenstellung aus: T. von Trotha: Die Zukunft liegt in Afrika. In: Leviathan, Zeitschrift für Sozialwissenschaft 2/2000. Westdeutscher Verlag GmbH, Wiesbaden. S. 256 ff.

* „Konzentrisch" ist ein System, in dessen Mitte die Person eines *chef, chief* oder *Häuptlings* steht und das sich so weit erstreckt, wie die Wirkung der vom Zentrum vergebenen Privilegien und Schutzfunktionen reicht bzw. wie es die entsprechenden Wirkungen der angrenzenden konzentrischen Ordnungen übertrifft.